把孩子種回來

少年禮——一條穿越時空的教育之路

杜守正

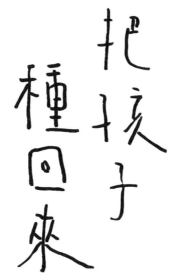

推薦序

良師益友

◎李魁賢（詩人、翻譯家、文化評論家、國家文藝獎得主）

杜守正老師著作《把孩子種回來》不只是感人的抒情散文集，更是深具啟發性的生活回憶錄，字裡行間充滿令人深思、回味無窮的人性光輝。對待人人眞誠，處理事事務實，身爲優秀傑出的教師，行文不露教訓痕跡，但讀來都是教育範本。從編輯體例，先報導施教小學生，別人的孩子，再述及照顧父母，養育自己的至親，最後才談到自己的心聲，以及教育理念與實踐，我感受到無形中透露大公無私的精神，和人生教育的身體力行！

書裡描寫、記錄許多眞實故事，很令人感動，呈現師生宛如一家人的親和，身爲教師不只是課堂上的諄諄善誘，課餘更是帶領學生走入社區活動，教育已經不是純粹知識的傳遞，更是生活習慣的養成，從識字到認識人生樣貌，是以身作則的最好樣本，扎實到底的教育本質，因爲教育已經不是一般觀念裡的階段性培養，而是終生不渝的訓練和自律規矩。

杜守正老師的教育理念和實踐，從學校走到社區，從學習深入生活，從學生對象進階到成人，視學校是社區的一部分，視學習是生活的一階段，視學生是成人的成長過程，所以無形中已經把教育當做終生以赴的任務和過程。杜老師自然不固守在學校裡培育學生爲己足，他進住忠寮民宅，融入當地社區生活圈，成爲村民的一分子，全家成爲鄉村的組成分，參與地方發展再造計畫，塑造社會教育的擴大示範。

或許因爲水源國小在一九一八年創設時，是忠寮李家捐出的校地，李家世代子弟大都是水源校友，所以水源國小形同家塾，具有特別感情。二〇一三年攝影家周家榮導演爲公視拍攝來自土地的作家系列《李魁賢 土地的詩人》，帶領我回到離開逾一甲子的水源國小母校拍攝場景，目睹杜守正老師例假日率領小朋友團團圍坐在學校操場平台上唱歌，其樂融融，也看見遇到特殊生出狀況，他好言誘導規勸的耐性與善心。我在他身上看到年輕時受到嚴師教導完全不同的良師形象，感受非常深刻。

二〇一六年我回到故鄉爲淡水文化基金會策劃淡水福爾摩莎國際詩歌節，忠寮社區發展協會歷年都是協辦單位，杜老師是協會的主力，全程參與，全力以赴，甚至帶學生或子女表演歌唱節目，多年來忠寮社區成爲國內外詩人最喜歡參訪的活動場地之一，常令人念念不忘。忠寮社區因村民通力合作，使窮鄉僻壤一躍成爲國際注目景點，不能不說是社會教育成功的範例。

我從杜老師的實際行事風格體驗到，熱誠是無論學校教育或社會教育重要倫理，這是觀察心得，至於杜老師獨特的教育理論和理念，書中有翔實的揭示和闡釋，處處顯示他獨特的創見，透露出他身體力行的淵源和根據。本書有許多動人的故事情節，表現杜守正老師教育實施的愛心出發點和實際處理過程，發人深省，他所表現的不是傳統尊師重道那一套腐朽觀念，而是人性化良師益友的新生活實踐。我在閱讀中，也受到潛移默化，獲益匪淺！

本書開頭在〈大樹下的演唱會〉提到「水源國小校園裡有一排百年的大榕樹，孩子們平常很喜歡在樹下玩耍」，記得我在校時，每天早晨上課前，都要先在榕樹下掃落葉，那排大榕樹無形中呵護我長大。二〇一八年我寫〈淡水榕樹〉祝賀水源國小百年慶，茲錄此與杜老師共鳴：

我是百年老榕樹
一天又一天
看到學生像一群小麻雀
在操場跳躍奔跑
在教室朗朗讀書歌唱
在樹蔭下遊戲結伴
吸收大屯山脈生命的靈氣
我是百年老榕樹
一年又一年

看到學生成為一群大老鷹
在鄉村為生活打拚
在城市為建立基礎盡力
在國外為創造台灣意象盡心
發揮水源活化生命的意義

我是百年老榕樹
依然植根在校園故土
以有限的華蓋範圍
展現無限希望的活動空間
看到一代又一代的孩子
長成社會各界精英
用不斷的鬚根記錄生命的經歷

二〇二四年五月九日

推薦序

他一直都在路上

◎林文虎（台灣家長教育聯盟副理事長）

那一年在《講義》雜誌社辦理的「POWER教師獎」選拔，我在如海的參賽者資料裡發現杜老師，他的備審資料雖然單薄，還是能發出眩目的光芒，評審不只注意到這位與眾不同的老師，最後，他也毫無懸念地成爲那年公推的「POWER教師」。而我也有幸結緣他用生命引領一群少年生命的水源國小。他在這個山區的小學校服務了幾乎大半輩子，在村落裡他不只是老師，他是每個家庭的老朋友；在他的教室中他也不只是老師，或許應該稱他爲教室裡的生命哲學家更貼切。

杜老師的教室後面牆上畫著每個孩子上學路線的地圖，每週領著一群同學陪著某個孩子走他的回家路。在他們最熟悉的路上，就算是每個日日所見的景物，每個天天碰著的小事，都因爲有了陪伴而多彩絢麗起來，也留下深刻的少年足跡。這樣的少年回家之路，不只回家還直接走進每個孩子的生命深處。所以，當有個孩子長大了，卻誤入歧途時，這條少年回家之路的情誼終於能將他拉了回來。

爲了陪伴從金門轉學的同學也能走一趟回家之路，他們自己編曲、創作、演唱，開辦演唱會籌募旅費要去金門。師生展現所能地辦了一連串淡水河邊的假日演唱，最後在寒風刺骨，冷雨襲人的晚上，在學校舉行壓軸的大樹下演唱會。那晚我恭逢其盛，跟著滿場師生與家長用滿心感動去抵擋攝氏六度左右的北海岸刺骨風雨。那晚，奇冷，大家都面對最眞實的生命面貌。

杜老師的教學很異類，他的學生一直都是課堂的主角，他的課程也不全來自課本，而是一如擎天的竹林一叢又一叢地長出來的。在日常的課程中，隨時都會有驚喜出現：

春節，師生一起去村子的每家門楣貼春聯走春；去感受時節與儀軌的眞實力量。

作文課，在矮矮泡茶桌代替講桌的教室，引領學生用專注的心探看初春冒出頭的新芽；

用童稚的字跡寫成作文，並譜唱成屬於少年自己也屬於生命的詩歌。然後一遍一遍地傳唱，而唱成班歌。

書裡著墨較多的少年禮系列課程，課程進行時孩子學著爲自己的未來生命搭建一階一階的扶持鷹架，不只用來邁步向前，也用來抵擋將來的風風雨雨。甚至，杜老師也在課程進行中，爲自己曾經糾結的親子關係圓滿地解了套。書裡這些海量的精采不只該讀，還肯定會有大用；不只足以當教學者的參考，也能是家長陪伴子女的好指引。

杜老師所處的世代，教育與學習和每個世代相同都有著許多無可奈何的包袱，有「想用過去教會孩子未來」的包袱；有「想用成績創造孩子人生」的包袱；有「想用支離破碎的知識完整孩子生命」的包袱，加上每個老師肩挑的「進度」壓力，家長潛藏的「競爭」恐慌，就讓孔子說「有教無類、因材施教」的目標，無庸置疑地就算都過去了幾千年，世代也換了「成就每一個孩子」的新口號，細看還是雲影鳥跡渺渺然不可企及。

我曾經讀過科學家的跳蚤實驗，科學家測量跳蚤的跳高能力，發現牠們簡直是永遠的奧運金牌得主，一跳躍過三公尺不是難事。用身高比例換算，相當於一個人可以躍過三百公尺。但是，若將初生的跳蚤養在三十公分高的盒子內時，長大後就算移出盒子，最高也只能跳三十公分。生命的框架竟能如此侷限未來的發展！想想，或許解除加在老師、家長與教育上的枷鎖，孩子才可能眞的盡展天賦的海闊天空！

這本書用《把孩子種回來》當書名，這書名讓我不由自主地想起大江健三郎，想起他《爲什麼孩子要上學》的人生散文集中提到不只要學會用什麼方法生活，還要更進一步明白爲什麼要生活的學習主張，這樣的上學觀更豐盈。這書名也聯想起到大江幼年重病時，媽媽說就算他眞死了，還是要將他再生回來的大願。而杜老師想把孩子再種回來，要種回的可不只是一個孩子，這麼大的願力自然需要好多人強大的努力。

從杜老師的教學行止或許眞能體會出來：就像大海是海浪的眞相，生命才是學習的眞相，而用生命引領那些個年輕的生命才是學習破繭的良方！

楔子

一部電影，改變一生

把孩子種回來。

這個孩子不是別人，就是你自己內在的小孩！

把孩子們種回來，也就是把自己種回來！

一九八七年，我進入南台灣的成功大學就讀，當時學校的成功廳經常在週六下午播放免費的電影，只要憑學生證即可進場，那個年代的大學生活，有一種燃燒青春與理想的氛圍。在我大三那一年（一九九〇年），記得有一次播放《魯冰花》這部電影，我看完後深受感動，就立志到偏鄉的小學任教！

《魯冰花》這部電影內容敘述一個來自城市的美術老師郭雲天到偏鄉小學代課，主角古阿明出身貧苦茶農家庭但擁有繪畫天賦，郭老師發現學生古阿明是個繪畫天才，平時雖然調皮搗蛋，是全班最後一名，但對色彩和周遭事物非常敏銳，有豐富想像力。

郭老師受學校之託，主持美術選手訓練班，準備選出優秀的學生代表學校參加比賽。他認爲古阿明是表現最棒的選手，極力栽培古阿明，但卻遭學校老師抵制，最後學校讓美術觀念僵化的鄉長兒子去參加美術比賽，郭老師因此憤而離職。在離開茶鄉之前，郭老師去跟古阿明道別，並帶走古阿明的畫作《茶蟲》做爲紀念。他離職後把古阿明的畫作《茶蟲》投稿，並獲得世界兒童繪畫比賽的金牌首獎。當郭老師帶著獎狀回到茶鄉時，古阿明卻早已因爲營養不良併發肝炎而夭折過世。

記得當年那個週六下午，我和口琴社社團的同學一起去看這部電影，我幾度熱淚盈眶，甚至淚流滿面，正當擔心被別人看見時，竟發現旁邊的人也正啜泣著！走出成功廳大門，陽光正燦爛，綠樹、人群以及青春的校園依舊，而我似乎在心中觸動了什麼，靜靜地漫步在成大的校園中。

當天晚上，我一個人再度走進成功廳，躲在最後一排，第二次看《魯冰花》，享有這份感動，也在心中燃起了到偏鄉小學任教的熱情理想！

電影中的場景像是電流穿過身體一般，一波又一波，其中有一幕令我印象深刻！

在一次放學後，主角古阿明要將他畫好的媽媽畫像拿到美術教室給郭老師，當他走進教室時，郭老師正看著黑板上其他人的作品沉思，古阿明說：「老師，我媽媽已經畫好了，她本來更漂亮的，但是我已經不記得她的樣子了！」（因爲他媽媽早已過世）此時的郭老師抽著他的菸，不發一語，看著黑板上古阿明的畫作《茶蟲》和其他同學的作品。

古阿明收拾著他的書包，緩緩地說：「老師，我沒有被選上對不對？！」郭老師依然不發一語，背對著他，頭也不回地繼續抽著他的菸。隔一會兒，古阿明說：「沒關係！去年也是這樣！」然後他背著書包走出教室，此時天色已漸暗，獨留郭老師不發一語，依然看著黑板上古阿明的畫作。

就在古阿明背著書包走出教室門口之前，他停下了腳步，回頭跟郭老師說：「老師，有錢人家的孩子，什麼都比較會！」當時的我在心頭一陣酸楚，熱淚盈眶之外，在心頭也隱然興起了有一股燃燒青春與理想的熱情。就是這一幕觸動了我，讓我決定為偏鄉孩子做點事。走上小學教育的路，只因為「感動」。

這麼多年來，每當在現實繁瑣的教育環境中遭遇一些考驗，或是在教學現場遇到令人頭痛的學生、家長，令人感到挫折、甚至是無能為力的時候，我會提醒自己，回到那個喚起熱情感動的原點，讓電影中的場景再次串流在身體，回到初衷！重新獲得能量。

當年我所就讀的科系是工業工程管理科學系，是個熱門科系，彼時台灣股票第一次破萬點，同班同學有些甚至是穿西裝、打領帶、提皮箱來上課，一副志得意滿的模樣，因為早已賺翻了。而我，卻因為看了《魯冰花》這部電影，決定當小學老師。那個時候有同學笑我：「頭殼壞去了！」有人說：「教育是個大漩渦，你算哪根蔥！跳下去只是泡沫罷了！」更有人說：「什麼泡沫！搞不好連泡沫都沒有！」聽著心中著實有些受挫！

心想，其實他們說得沒錯！我確實是個無名小卒！但是，沉澱之後，有個聲音告訴我，不管環境如何，重要的是，不做，連自己都會不見！奇妙的是，當自己開始做了之後，很多教育相關的訊息、人物，一一出現在身邊，讓我知道，其實很多人都蹲下來，扎扎實實地在他的崗位上，做著讓人感動不已的事情，也讓我體會到，原來我並不孤單！外在環境或許不是我們能改變就改變的！但是，最重要的是，不要失去自己！不要忘了初衷。

後來，我有個體會：每個人要的不一樣！別人要的，不見得是你要的！

問題是，你要的是什麼？

也因爲這樣，我來到了淡水水源國小，拎著一只皮箱就來到學校的宿舍。

把孩子
帶回來。

目次

輯三　少年禮三核心（自。動。好）

輯四　少年禮四主軸（自然。土地。自己。人群）

輯一

走進教育

走進教育，來到水源

一九九五年開學前的夏天，我拎著一只皮箱來到了淡水水源國小的單身宿舍，一個座落在大屯山腳下的山邊小學，從此開始了我在水源將近三十年的「小學生活」。

這是一所全校只有六個班的學校，當年我被分配到五年級，班上共有四十六個孩子，三十二個是男生，只有十四個女生，其中有我教了兩年只跟我講過兩句話的孩子；有應該念國中卻還在我們班的特殊生；有班上長得比我還高，不但是節奏樂隊指揮，還是模範生，不過開學兩個星期後，只要上我的課就一直哭不停的小女生；更有小六時買「長裙」當生日禮物送給喜歡女生的大孩子……林林總總，現在回想起來，眞是精采的一班。

當時我還只是個年輕的毛頭小子，教學經驗不是很豐富，住在單身宿舍的日子，晚上睡覺還常常夢到學校孩子的事情，或許就是因爲對教育的一份熱忱與理想，還有與孩子的眞誠對待，以及資深老師的照顧提攜下，一路走來雖有起伏，但卻是精采而豐富，感動與感謝滿滿。

當年進入小學教育現場時，我常在想，十年、二十年、甚至是三十年後，孩子們想到我會想到什麼？哪個才是留在他身上影響他一輩子的東西，眞正他帶著走的「能力」，我現在就要給他！

問題是到底是什麼呢？是國語、數學、社會、自然嗎？還是……

後來我有個想法，就是只要在與孩子互動的過程中，給孩子一次次的感動經驗，或許在哪一次的感動經驗中就眞能打到他的心裡頭，埋下一顆待發芽的種籽，等待日後春風來臨時，長出新枝，帶他走一輩子。

我想要教會孩子能夠被感動，也懂得感動別人。

感動怎麼教呢？感動要眞正體驗過才知道，因此要用實踐的、要用「做」的，而且要從眞做、實做開始。「做」這個字拆開來是「故人」，也就是老朋友。做自己的老朋友，也就是回到自己、回到生活。不過是誰做呢？學生嗎？對！老師嗎？也對！家長呢？也要啊！那麼到底要由誰做起呢？

別客氣！就是由你自己做起。要回到自己的生命經驗，從感動自己的生命經驗下手，把感動自己的帶給孩子，感動不了自己的，絕對感動不了別人。因爲，在生命的課題上沒有固定的老師，也沒有固定的學生。「行」的人就是老師。眞行、眞做的人，才是「眞行」的人，他也才夠格當老師。因此，要從生活入手，眞做才能切身，眞行才能有眞感動。

水源的歌：一位小學老師和孩子們生活中的歌

故事是這樣開始的。

感動的源頭：阿焜的童詩《水源風光 I》

我剛到水源的前幾年，因著一位小朋友（阿焜）童詩的感動，引燃了一連串的創作與小朋友們的交流對待。後來，我們一起辦了校園裡大榕樹下的演唱會、教室裡的畢業演唱會、瓦磘坑3號社區演唱會。最後，我將前前後後幾屆和孩子們共同創作的歌曲，集結成了一張專輯CD《水源的孩子和杜老師》。不過這張專輯CD只能在我們學校對面里長伯的「籤仔店」（雜貨店）才買得到。

這張專輯，收錄了當年我用隨身聽，第一次在班上教孩子們唱歌的錄音、演唱會實況錄音，當然，我也帶了一些孩子們進錄音室錄了一些曲子。就這樣，我們有了生活中的CD專輯《水源的孩子和杜老師》，只要我教的孩子，他們國小的聲音都收錄在裡面。

發亮的眼神

教書夠久的都知道，以前國語三、四課就會有練習一、練習二，而且就要孩子寫一篇作文，當時我出了「水源風光」這個題目，孩子寫完交來後，日子就這麼一天一天地過著，我也一樣。

對老師而言，批改作文是一件辛苦的事，有時候你寫的評語會比小朋友的內容還多，更何況是四十六位孩子的作文。因此，通常我的作文都會分批批改，不會一次改完。

直到有一天晚上，我自己一個人在單身宿舍，有音樂、有檀香、也有茶，在昏黃的燈光下享有靜謐的獨處時光，正當悠哉之時，突然想到明天有作文課，糟糕的是，我的作文簿還沒有改完！

我趕緊將放在桌上的作文簿拿起，開始「批改作文」！剛開始還好，不過當改到阿焜的作文簿時，我就開始「皺眉頭」了，因爲阿焜小學時期的字其實很難改！他平常很認真寫的字已經是歪七扭八了，如果不太認眞寫的字，其實像分屍一樣。我平常改他的語詞本、習作等作業都已經需要很「用力」了！更何況是作文？但是，眉頭皺歸皺，我還是要翻開批改。當我翻開作文簿後，眼睛一亮！哇！阿焜在第一段竟然寫了一首童詩！當時我看了很感動，就拿起破破的吉他幫他譜了曲子。

隔天的作文課開始前，阿焜的作文簿我先拿在手上，其他的我請同學幫忙發，這時候有些小朋友會站起來問：「我的作文簿在哪裡啊！」當阿焜站起來時，我就拿起他的作文簿在面前揮一揮，讓他知道他的作文簿在我這邊！這下子阿焜怎麼樣呢？他呀，「臉色大變」！當時他心裡一定在想：「慘了！不知道發生什麼事情，平時寫的字又醜又潦草，這下子完蛋了！」

看著臉色鐵青、表情緊張的阿焜，我站到黑板前面定定地看著阿焜說：「這篇作文有個小朋友寫得很棒！」這個時候阿焜帶著懷疑的眼神，心裡想著：「怎麼可能？」我接著說：「他在第一段寫了一首童詩，老師唸給你們聽！」

水源風光好　蟲兒常飛　鳥兒常叫
水源風光好　花兒常開　人兒常笑
大樹公公常睡覺　小狗汪汪叫　四處真熱鬧

唸完之後我拿著吉他再度站到講台，大聲告訴大家：「老師幫他譜了一首曲子，要不要一起唱？」全班很大聲地回答：「要！」

就在那個時候，我看到了阿焜發亮的眼神，也看到了他燦爛開心的笑容！當天的作文課，我們一遍又一遍地狂唱這首簡單而真切的曲子《水源風光Ⅰ》，歌聲中可以感受到孩子的童稚、天真，放聲唱破天際的快樂。如今，這些孩子有些早已結婚生子，要想有當年的「童音」當然不可能，慶幸的是當天我用小小的隨身聽錄下了大家的歌聲，那個用錄音帶的時代雖然也早已不再，不過卻記錄了這群孩子們和我當年感動的歌聲，也記錄了阿焜從自己緊張、懷疑、到眼神發亮的過程。

阿焜是我來到水源第一年帶的孩子，當年他五年級，我記得很清楚，尤其是他發亮的眼神，就這樣，其他孩子們也感動了。接下來的日子，感動就在我們之間激盪來激盪去，迸出了一些東西。我覺得這是一個源頭，感謝阿焜。

其實阿焜的功課並不是頂尖，字跡也很潦草。但是教育的意義不是期待一棵小草變成漂亮的玫瑰花，而是讓一棵小草活出它該有的神采。我在阿焜潦草的字跡背後看出了他對水源這塊土地蘊藏的情感。當年的阿焜寫了童詩感動了我，我用簡單的吉他把他寫的童詩譜成歌曲，感動了全班！後來感動就在我們之間激盪來激盪去，迸出很多火花，接著我們就辦了「大榕樹下的演唱會」、「畢業演唱會」……。

大樹下的演唱會：水源的孩子和我

水源國小校園裡有一排百年的大榕樹，孩子們平常很喜歡在樹下玩耍，因著阿焜的觸發，我們辦了大榕樹下的演唱會，當時的宣傳單上是這麼寫的：

我們這一班　有二十五個孩子　我也是
這回將生活中孩子寫的童詩
譜成曲　和孩子一起歡唱高歌
希望能將這份與孩子生活感覺中　動人的地方與大家分享
也將自己生活的感動　分享給每個朋友

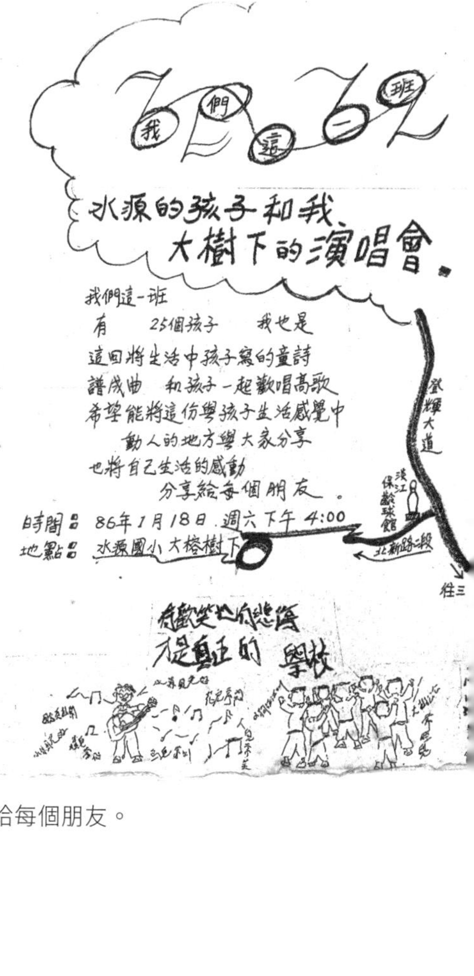

大樹下的演唱會，將生活的感動分享給每個朋友。

教室裡的畢業演唱會

愈到畢業前，孩子們愈有一種氣氛，當時教室剛鋪了原木的地板，我們選在畢業典禮後，當天的下午，在教室裡辦了一場畢業演唱會，孩子們穿著白襯衫藍褲子、藍裙子，席地而坐，一起唱我們的歌。

孩子用資源回收的瓦楞紙板製作演唱會節目單（經摺裝）。

從「瓦磘坑3號」展演一場小學生、老師、社區的「生。活。音樂會」

瓦磘坑3號社區演唱會

一九九八年的暑假，這些孩子畢業之後，還在讀國中時，我就找他們回來，在社區的三合院跟得過金曲獎的「交工樂隊」林生祥、陳冠宇、鍾成虎、鍾成達，一起辦了「瓦磘坑3號」演唱會。

瓦磘坑是個小村落，位在大屯山下靠近淡水的一個小山坳裡，瓦磘坑3號是一座位在水源附近的百年石頭厝三合院，會參與這場演唱會，其實是因爲一次暑假，和生祥在水源山路的午後慢跑。

放暑假，對一個山邊小山坳裡的小學而言是悠閒的，在稍炎熱的黃昏，我總會邀一些小朋友一起在山路上跑步，一路走一路跑，有時還會在小朋友家門口喊他的名字，一起加入這悠閒午後的慢跑。

有一次和交工樂隊的主唱林生祥一起跑步時，提到了一起辦演唱會的想法。後來，我們就和交工樂隊一起辦了這場社區演唱會，參與的孩子有在校的孩子，也有這些年來水源的畢業的孩子。當天早上我們一起布置演出場地、排練、到古井下土地公廟前拜拜……等等，晚上的演出除了唱歌，還有扯鈴、國術、舞獅，在小小的三合院稻程前，或坐或站，來了二、三百人，我想，對這個小村落來說算是空前的了。

幾年後，我們出版了專輯CD《水源的孩子和杜老師》，其中收錄了當年用隨身聽在教室錄下的歌聲，以及每一屆我所教過孩子的聲音。這些小學的童音，上國中後就變聲不會再有了！這些點點滴滴的源頭都來自於生命中阿焜的這個感動。即使在這麼多年後，我還是非常非常謝謝阿焜，當年是阿焜感動了我，也感動了大家！

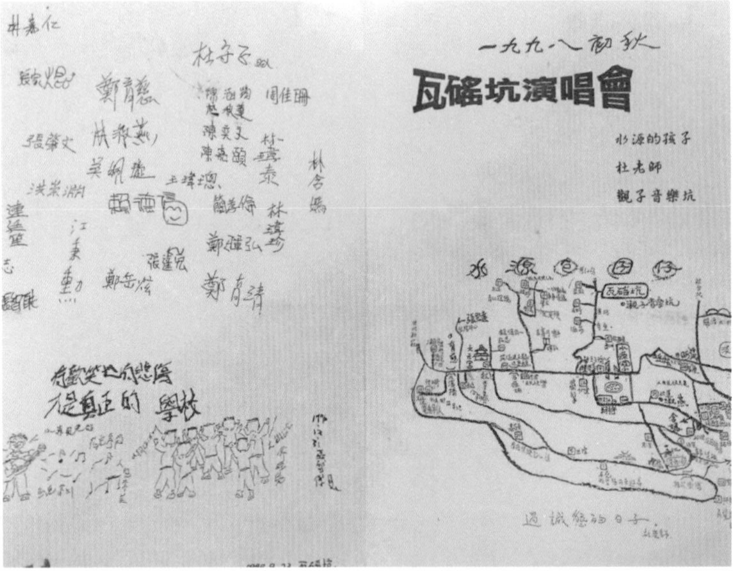

瓦磘坑 3 號社區演唱會節目單以及演唱會實況。

從「成年禮」到「少年禮」

少年禮——童年的禮、童年的成長

我決定走小學教育的路，自己成長，也為下一代的成長做點事。生活有了意義，生命也有了延續。

一九九〇年，當時念大三的我，因爲看了《魯冰花》這部電影，觸發了我決定走小學教育的理想。就這樣一步一步地陪孩子走過來，從面對自己開始。我發現，只要眞誠地對待每個孩子，埋頭快樂地過日子，在每天起伏變化的生活中，孩子帶著你觸及生命，生活中的諸多課題，有感動、有啟發，更有一些情感的默契對待在裡頭。也就因爲這樣，把我帶回了當年行「成年禮」的感動脈絡之中。

剛到水源國小教書的那幾年，下課後，我常常到淡江大學旁的「動物園」。這個「動物園」就是一九七〇年代李雙澤出沒的地方、校園民歌的發源地。

早在大學時期，我就認識了一群朋友，這群人在淡江大學附近的「動物園」辦了一個「紫荊書院」。當時我還在成大就讀，經常北上到淡江的動物園跟他們聚會，後來認識了德簡書院的王鎭華老師。王老師那時候也經常在這裡陪著我們這些毛頭小子、年輕人，帶領我們做一些事情。

我和這些朋友在「動物園」辦了一些文化活動，例如大學生活季展等等，後來我還當過「動物園」園長（那時我已在水源國小任教），我的結婚茶會還是在動物園舉辦的呢！因爲我和太太都是台南人，在台南理所當然辦了結婚喜宴，但是在台北我們沒有辦，而是在動物園辦了一場茶會。王鎭華老師在這場結婚茶會上，講了《明珠在懷》，有些人念詩，有些人打拳，還有人彈古琴、彈古箏。

除了經常到動物園之外，我也經常從淡水騎車到台北市德簡書院聽王鎭華老師的易經課、老子課……。後來我和一群師友，在王鎭華老師的帶領下，共同參與了儒家古禮冠禮，也就是「成年禮」的聚會活動。在前後半年多的聚會中，有很多的實踐、反省、啟發與感動。

記得在最後一次的聚會當天，我從淡水騎著摩托車，來到位於合江街的德簡書院樓下，一度猶豫著是否上樓！因爲，這次聚會要確認是否眞正要參與最後行「成年禮」的儀式活動。

不是說你做到了，而是你願意走在這條路上

一路上我一直反問自己，已經成熟了嗎？夠資格行成年禮嗎？答案當然很清楚！「我還不是一個成熟的人！」那就「不夠格」行這個「成年禮」！不過，摩托車還是一路直奔德簡書院。因爲，心中有著另一個聲音：「其實，應該說，沒有一個人是完全成熟的個體！」

王老師講《易經》的「旣濟」跟「未濟」卦時說：「生命成長是一輩子的事情，未完成

的（未濟）才是大事，能夠完成的（旣濟）都是小事。」所以這件事情是一個未完成、是逐步逐步在這條路上走，願意走這條成長成熟的道路之事，雖然我不夠成熟，但是，我願意走這條成長、成熟的道路！

那天晚上，我上樓參加了聚會，最後也在德簡書院行了成年禮。

聽內在的聲音：引天之光、光引、光陰、觀音

行完成年禮之後，我在生活裡面做了一點實踐的事情，那時候我在學校和孩子們做了很多感動彼此的事情，來自生活的東西一直在長、一直在冒，這些從我的生活中冒出芽來的觸動，讓我在心中萌生了辦「少年禮」的想法。

點亮心神：眞做！課程是長出來的

剛到水源國小那幾年，住在單身宿舍，記得有一個晚上，我自己一個人在宿舍，有音樂、有檀香、泡了一壺茶，在昏黃的燈光下享有靜謐的山中教學歲月。不過，那晚很特別，那些平常在教學上的課程、活動、教案，一一地跳上心頭，冒出來告訴我，喂！杜守正！這幾個教案要在一起，那幾個活動課程要歸一類。就這樣，我整理了「少年禮」的四個主軸：

人與大自然（自然觀）→自然、生命、大地
人與土地（歷史觀）→根、鄉土、歷史
人與自己（人我觀）→了解自己、尊重自己
人與人群（群我觀）→尊重別人、相處之道

有了這樣的經歷後，我在心中萌生了辦「少年禮」的想法，於是在德簡書院一次下課後，我跟王鎮華老師說：「我想在小學辦『少年禮』！」王老師定定地看著我，跟我說：「禮不可以隨便亂制定！」因此，我便打消了這個念頭。

只不過，在生活中、在教學實際現場，舉辦「少年禮」的想法一直浮上心頭！在教學帶孩子們的過程中，有很多很多的感動和觸發，那股想把成年禮轉變成少年禮的內在思緒與驅力，一直都在！因為，那時候我在學校跟孩子們一起做了很多的事情，例如：把孩子的童詩譜成了曲子，舉辦大樹下的演唱會、畢業演唱會、社區三合院前的演唱會，還錄製成了專輯錄音帶及ＣＤ；創辦了水源生活書院、社區報紙等等。因為這些課程活動，都是從生活裡面長出來，從我的生活中冒出芽來的，這些來自生活的東西一直在長、一直在冒！

幾年之後，又在德簡書院的一次下課後，我再次跟王老師提起了辦「少年禮」這件事，沒想到，這次王老師點頭了！後來，我把「成年禮」準備的歷程、行禮當時、以及行禮後的改變，這一路下來的感動，轉化為「少年禮」的課程，希望能在孩子心中埋下一顆待發芽的種籽，在春風來臨時，長出新枝，帶他走一輩子。

少年禮的進行是一種過程、一種革命，從行禮前的聚會準備、行禮時的感動到行禮後的改變，都是一種**面對成長的**「**自我革命**」，當然行禮當時的儀式是較具體的展現。儀式的進行是由學生一個接著一個依序上台進行，每位學生約需時三到五分鐘。其中的儀式包括：

正位、行禮（一點心、三支香、七供品、嚼仁味、尚三領、九德跪）、贈語贈禮、歌詠……。

行禮前父母親先上座，進行到「尚三領」時，父母親手爲自己的孩子先後圍上三條不同顏色的領巾（以前「冠禮」是用三頂帽子，現在以圍上領巾代表戴上帽子），三種顏色各有不同的涵意：

第一種「**素面相見**」：用純黑或純白的素色領巾，表示素面相見，還原的意思。白色可以成爲所有的可能，黑色則蘊藏所有的可能，兩種顏色都代表著「所有的可能性」。因爲孩子長大後，可以成爲「所有的可能」。

第二種「**人生的逆境**」：用冷色系的領巾，如藍色、紫色，代表的是「人生的逆境」。這裡是要提醒子女：處在逆境時，也要加油，不能輕易被打倒。

第三種「**人生的順境**」：用暖色系的領巾，如橙、黃、紅等顏色，代表的是「人生的順境」。這裡是要提醒子女：處在順境時，不可得意忘形。

圍上領巾後，進行贈語贈禮，父母會對子女說一些提攜、勉勵的話或是將祖譜拿給子女，並贈送禮物給子女；師長朋友也可以在這個時候贈禮、諄諄教誨或是來個深深地擁抱。每個孩子都進行完儀式後，大家一起唱我們共同有感覺、感動的歌，就這樣就完成了少年禮的儀式，之後就各自回家見過親人、拜訪良師益友。

輯二

有文化DNA的少年禮

少年禮的架構

從生活的感動經驗進入教育的世界，最後回到自己的生活，把感動自己的帶給孩子。

因爲不能感動自己，一定感動不了別人。後來，我逐漸整理出少年禮的理念架構：

壹、三核心（自。動。好）

一、**自**發（發現天性）→我是誰？（天命之謂性，行生合一）

二、互**動**（關係聯結）→我從哪裡來？（率性之謂道，行人合一）

三、共**好**（感知行動）→我要到哪裡去？（修道之謂教，行知合一）

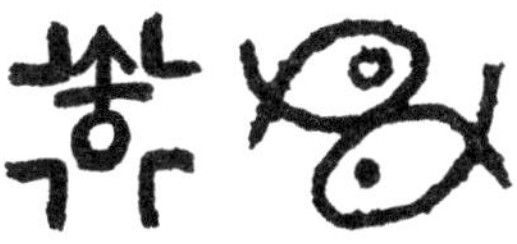

貳、四主軸（自然。土地。自己。人群）

一、人與自然→自然、生命（四時節令、發乎自然的禮教、自然生命的感動）

二、人與**土地**→根、鄉土、歷史（土地的味道、故鄉心靈地圖、回家的路、文化的DNA）

三、人與**自己**→了解自己、尊重自己

（1）認識人生七階段：

○至三歲：心神

三至六歲：體會人性經驗

學齡至小學：純正、易保守、性善

中學（青少年）：叛逆、易激進、性惡

大學（青年）：自由、創造、做自己

主管（壯年）：影響力、考驗

老年：有足夠的回憶、老當益壯

（2）認識青春期

1如何面對自己和異性的問題、人的平等（兩性平等）還有家人的相處

2身體的成長變化

3心理方面：有情緒怎麼辦？性教育

（3）認識人格七位格：從人生七階段→人格七位格

1個體人

2家庭人

3社會人

4民族人

5國家人

6世界人

7宇宙人

四、人與**人群**↓尊重別人、相處之道

體認人格七位，人格七位格（有本有末）

宇宙人↓歷史、自然。

上下四方曰「宇」：表示空間（地）；

古往今來曰「宙」：表示時間（天）。

世界人

國家人

民族人→群體（人）

社會人

家庭人

個體人→個體

從「生命的滋味」到「教育與成長」

孩子的成長，無可替代。對於即將從少年邁入青春期的孩子，我們不免有一些期許與擔心。讓孩子們從大自然、土地、文化的觀察中，去認識自己、了解自己；關心自己也關心別人。對即將到來的青春期，從身體的變化，心理的情緒，認識了解，並做好準備。也爲即將成爲「社會的新生兒」立下基礎。

就這樣，我開始了在學校進行少年禮的課程活動。

「禮」就是「理」，用心便會有理。眞做，便會有眞感動

「少年禮」選在廿四節氣的「驚蟄」開課，我和小朋友一起打赤腳，拿著鏟子到後山挖土，並親自播種。這種腳踏泥土的滋味，是很多小朋友不曾有過的經驗，大家都很興奮，爽朗的笑聲迴盪在水源的田野中，竟比大地的春雷更加震撼人心，因爲小朋友在大自然母親的懷抱裡，有一份「解脫」，也有一份「還原」。剎那間，不知不覺也在自己的生命裡埋下一顆種籽，在往後的日子，這顆親手種的種籽，也會冒出新芽，並在生活中長出幾片綠葉。

我給小朋友的見面禮則是一顆核桃，核桃裡面的核仁，「仁」與「人」音同，生吃核仁，彷彿回到生命的起點，愈嚼愈有人的原味。核桃的外殼，包裹著核仁，代表著「同伴」、與「同心」，象徵著一同來參加少年禮的孩子往後是一群共同成長的好伙伴。

帶著少年禮的初衷，從驚蟄播種的興奮與期待開始，落實在生活中的眞感動，正是小孩子成長中最好的肥料。

最後畢業典禮當天，我們舉辦了讓父母上座，孩子行跪拜禮的「畢業典禮少年禮」儀式。

民國 113 年參與「少年禮」課程的全體師生家長合影，以及淡水文化園區殼牌倉庫小教室上課實況。

「少年禮」課程於水源國小上課實況。「黑熊老師」帶學生親手染領巾（左上）；杜老師與學生泡茶，談人生哲理。

從生活中冒出芽來

自己做決定！從一則網路的故事談起：你要白天的老婆還是晚上的老婆？

心理學教授在課堂上說了一個故事：

國王亞瑟被俘，本應被處死刑，但對方國王見他年輕樂觀，十分欣賞，於是就要求亞瑟回答一個十分難的問題，如果答出來就可以得到自由。這個問題就是：「女人眞正想要的是什麼？」

亞瑟開始向身邊的每個人徵求答案：公主、牧師、智者……結果沒有一個人能給他滿意的回答。

有人告訴國王亞瑟，郊外的陰森城堡裡住著一個老女巫，據說她無所不知，但收費高昂，且要求離奇。

期限馬上就到了，亞瑟別無選擇，只好去找女巫，女巫答應回答他的問題，但條件是，要和國王亞瑟最高貴的武士之一、他最親近的朋友加溫結婚。

國王亞瑟驚駭極了，他看著女巫，駝背、醜陋不堪、只有一顆牙齒，身上散發著臭水溝難聞的氣味……而加溫高大英俊、誠實善良，是最勇敢的武士。

國王亞瑟說：「不，我不能爲了自由，強迫我的朋友娶你這樣的女人！否則我一輩子都不會原諒自己。」

加溫知道這個消息後，對國王亞瑟說：「爲了你和我們的國家，我願意娶她。」於是婚禮被公諸於世。

女巫回答了這個問題：「女人眞正想要的，是主宰自己的命運。」

每個人都知道女巫說出了一條偉大的眞理，於是國王亞瑟自由了。

婚禮上女巫用手抓東西吃、打嗝、說髒話，令所有的人都感到噁心，國王亞瑟也在極度痛苦中哭泣，加溫卻一如既往地謙和。

新婚之夜，加溫不顧眾人勸阻堅持走進新房，準備面對一切，然而一個從沒見過面的絕世美女卻躺在他的床上，女巫說：「我在一天的時間裡，一半是醜陋的女巫，一半是傾城的美女。加溫，你想我白天變成美女還是晚上變成美女？」這是個如此殘酷的問題，如果你是加溫，你會怎樣選擇呢？

當時人格心理學的教授話音一落，同學們先是靜默，繼而開始熱烈地討論，答案更是五花八門，不過歸納起來不外乎兩種：

白天是女巫，夜晚是美女，因爲老婆是自己的，不必愛慕虛榮；另一種選白天是美女，因爲可以得到別人羨慕的眼光，而晚上可以在外做樂，回到家一團漆黑，美醜都無所謂。

聽了大家的回答，教授沒有發表意見，只說這故事其實有結局的，加溫做出了選擇。於是大家紛紛要求老師說出結果。

老師說，加溫回答道：「既然你說女人眞正想要的是主宰自己的命運，那麼就由你自己決定吧！」

女巫終於熱淚盈眶：「我選擇白天、夜晚都是美麗的女人，因為你懂得眞正尊重我！」

所有人都沉默了，因為沒有一個人做出加溫的選擇。

有時候我們總是以自己的喜好去主宰別人的生活，卻沒有想過別人是不是願意。

而當你尊重別人、理解別人時，得到的往往會更多……。

這是一篇從朋友從網路上分享的故事，當我看到那位教授的問題時，心裡馬上浮現「就由女巫自己決定吧！」的聲音。看完文章後，心中有一種淡淡的得意與驕傲，慶幸我通過了考驗，因為這則故事，讓我回想起多年來班級經營經常用的方式。

大約二十多年前，台灣小學的課堂上還有書法課，但是隨著課程的改革，書法寫字課漸漸消聲匿跡，當時我在課堂上發展了一種我稱之為「寫字作畫課」的玩墨課程，或者說是一種不一樣的創作課。

寫字作畫課

十二月三十一日星期二，早上寫字作畫課，發宣紙、點檀香、音樂是〈一筐茶葉一筐歌〉。給小朋友一個原則：對得起每一張紙，寫詩塗鴉都可以。就這樣，小朋友的創作直讓我感心、動容。

下午，他們去上音樂課，我在教室看他們的作品，一再地讓我感動不已，就這樣，我在黑板上寫一段話。後來，我在批閱小朋友的家庭聯絡簿時，竟然也發現了同樣的這段話。

一九九六年　的最後一天
　　叫做　歲末
今天　感覺到你們的動人
希望　每個人
做一個……………
　　比爸爸更好的爸爸
12／31（二）

今天　回家作業只有一樣
生活感想……………水源風光

杜老師　丙子年‧冬天‧有陽光

這樣的課程除了放音樂、點檀香之外，後來在課程開始前我都會和孩子們約法三章：

一、禁語不講話：說話的人，自己到旁邊站，站多久時間「由自己決定」。

二、對得起每一張紙：寫字塗鴉都可以。

三、宣紙在前面，需要的自己拿。

在做這樣的約定時，有孩子問我：「什麼叫『對得起每一張紙』？」我站在講台上很認真地回答：「就是『對得起每一張紙』！」瞬間我和孩子之間，似乎有了一種了解的眼神交流，不需再多做解釋！在往後的日子裡，這樣的「寫字作畫課」帶給我和孩子經歷了一些難得的學習經驗和觸發。

禁語的體會

和孩子們約法三章「禁語不講話」，孩子們就不講話了嗎？當然不可能！講話是爲了溝通，不說話能不能溝通呢？過去因爲我有過禁語三天的經驗，雖然知道自己在禁語，有時候會忘記，在不經意之間回答別人的問話；有時候是管不住自己。

在課堂上說話的人，自己到旁邊站，主要不是要處罰而是一種提醒！提醒孩子在有音樂、有檀香，這樣的氛圍下，不要影響到別人。課堂上孩子們禁語，我也和孩子們一樣禁語不講話，孩子們在寫字、塗鴉、作畫時，我也在前頭用毛筆寫字塗鴉。

不小心「說話」就必須到旁邊站，站多久時間「自己決定」。有些孩子站沒三秒鐘就馬上回座；有些孩子一站就好久好久。我在前面心裡不免嘀嘀咕咕：怎麼站這麼久，還不趕快回座！對於那些看似投機取巧、站沒三秒鐘就馬上回座的孩子，其他的同學不免露出一副「怎麼可以這樣？！」的表情看著我，希望我做些什麼！我則是繼續寫字塗鴉。

在這樣的氛圍下，孩子創造了很多精采的童詩、童謠和塗鴉作品。至於部分孩子們心裡的納悶與不平，我用班上班會的時間討論。有孩子提出：「爲什麼陳〇〇站三秒鐘就回去，林〇〇站很久耶！這樣不公平！」我會反問：「當時約法三章時，站多久由誰決定？」學生回答：「自己決定。」那就對了呀！可是……，學生會露出不太心服、卻又不知如何回應的表情。

這時我輕輕地說道：「沒錯！陳〇〇站三秒鐘就回去，好像很投機取巧的樣子，但是，他已經爲他的行爲負責了呀！」我繼續說：「你現在知道他是這樣的人，以後你要和這樣的人做朋友嗎？你以後要做這種人嗎？這個問題由你『自己決定』！」

我們經常希望孩子是個有主見、能自己做決定的人，卻很少給他們自己做決定的學習機會，我所做的是努力經營出一個一個平台，讓不同的孩子有機會學習自己做決定。

小草．大樹．杜鵑花

《中庸》云：「**天命之謂性，率性之謂道，修道之謂教。**」

每個人天生下來就各有各的特質、天性，有些人的質是小草，有些人是花、是大樹，小草不可能成爲大樹，大樹也不可能長成小草，此之謂性。

順著自己的天性、特質，長出自己該有的神采風貌，這叫率性。也就是小草就長成小草；杜鵑花就長成杜鵑花；大樹就長成大樹，無關乎生命的長短，不要以杜鵑花的美麗來看不起小草，重要的是小草有沒有長出小草該有的神采；杜鵑有沒有長出杜鵑該有的風貌，這就是「天命之謂性，率性之謂道」。**每個人依自己的天性，活出像樣的自己，這種生命的完成就是「道」**。因此，道不遠人，就在你身上。

有的人天生是一棵小草的料，你給他再多的養分，他也不可能成爲大樹、成爲杜鵑花，但是，現今的社會價値（包括教育）就是喜歡看到花朵，是小草也要他開出杜鵑花，即使是春天開花的杜鵑，也要求要和梅花一樣要在冬天開花，這豈不是很荒謬嗎！這眞的是教育眞正要的嗎？

其實，就讓小草是小草，杜鵑是杜鵑，梅花是梅花，依其本性，依其時節，該給水的時候給水，該照陽光時給陽光。水分養分雖好，但是，水太多會淹死，陽光太多也會曬死，過多的養分更是負擔。人的教育亦然，你只要提供一個適合的環境，適時地給予養分，引發它內在本有的生命力，長出他該有的自信和風采，這樣他才能眞正活出自我。「修道」就是提供環境與養分、適時引發，此所謂「修道之謂教」，這也正是教育重要的入手處。

乍聽之下，這些話似乎有點八股、唱高調。不妨靜下來想想吧。您希望看到一棵在「假日花市」被鐵絲雕塑得很有姿態的「盆栽」，還是一棵生機盎然的「小草」？特別是當你有一些影響力的時候，因爲你的抉擇將影響到孩子的未來。

種籽的教育觀

教育學者吳青山曾說：「基本能力（key skills或key competencies）係指學生應該具備的重要知識、技能和素養，俾以適應社會的生活。這些基本能力是預期學生經過學習之後達到的能力，有了這些基本能力之後，將來可以有效地適應社會生活。」過去的學習偏重學科知識取向，現在強調學生基本能力取向，注重生活實用性，培養可以帶著走的基本能力，而不再只是背不動的書包與繁重的知識教材，也非指傳統的考試或測驗，因爲基本能力必須透過實際生活經驗的考驗才能達成。

綜上所述，基本能力是指學生應該具備之重要的知識、技能和素養，係透過學校教育在學生身上可預期的結果。所謂基本不是指簡單容易的，而是基礎、核心、重要的，也不是高深、細微末節、微不足道的，所以基本能力可做爲應達成、較具體的教育目標。

基本學力中的「基本」是指共同的、基礎的事或物，「學力」是指所有學生接受教育後所學習到一切的能力或成就表現。基本學力因此是指所有學生接受學校教育後，共同習得之最基本的能力或表現。換言之，基本學力是學生學習結果中最核心、最基礎的部分，也是學生學習後必須具備的最低限度之能力。因此，基本學力是由基本要求、學習結果、實際表現三者交織而成的概念（林天佑）。

其實，基本能力和基本學力兩者關係密切，爲了解學生學到了哪些能力，訂定了基本學力指標和實施基本學力測驗，透過基本學力測驗，驗證學習者的基本能力。所以，基本能力可說是基本學力的先前工作，基本學力則是學生經過學習之後的能力體現。

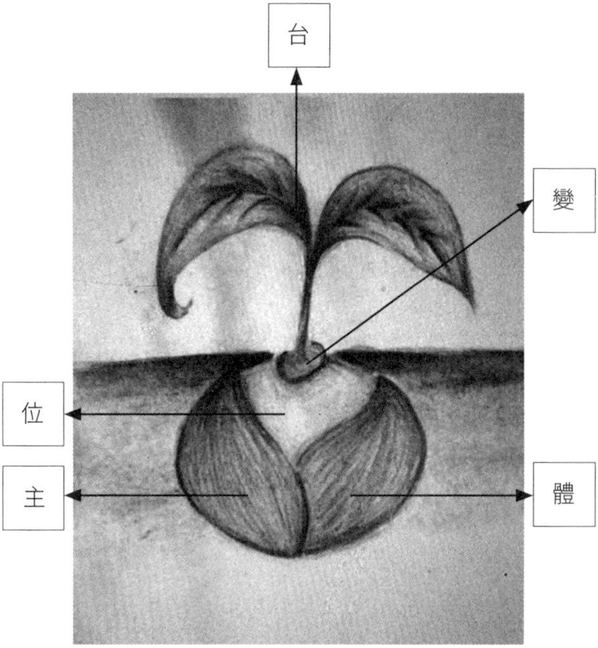

我在日常生活的觀察中，從種籽的發芽發現了一些相關的脈絡，整理如後：

主（能力）：基本能力

體（學力）：基本學力

位（實踐力）：包含主、體

變（不變力）：胚

台（成長力）：台面的芽

一、從（整體）而言：種籽發芽不需要土壤，需要的是環境，因此，要經營一個適合的平台，提供適當的環境，孩子自然會發芽。

二、從（主）而言：沒有「基本學力」種籽依然能發芽。因爲有主、位（包含主、體）、變。

三、從（體）而言：沒有「基本能力」種籽依然能發芽。因爲有體、位（包含主、體）、變。

四、從（位）而言：「基本能力」和「基本學力」互爲主體，以「體」來證「主」；以「基本學力」（體）來驗證「基本能力」（主）；以「基本能力」（主）來達成「基本學力」（體），當互爲主體時，就有實踐的呈現（位）。

五、從（變）而言：種籽發芽關鍵在胚（變）的變化上，在主、體、位的互動中，如何從種籽吸取養分，面對台面社會變化環境的種種考驗，冒出芽來！

六、從（台）而言：台面的芽往往顯示出令人詫喜的春意，讓人雀躍不已。問題是，如何讓這初出台面的芽繼續吸取種籽的養分，然後扎根、長出嫩葉！然後繼續從根、莖到葉，最後卽將開花、結果。

七、從（整體）而言：當台面上冒芽後，種籽卽將功德圓滿，消耗殆盡，化爲一體，繼續成長。這個體就是主、體、位在變的基點上融合展現的整體。

綜觀而言，很顯然地，冒芽後要注意扎根的工作，否則將成爲短暫的花朵。要扎根就要回到源頭，回到本，也就是根本。這時土地所給予的養分是什麼就很重要。你澆灌什麼養分，它就長成什麼樣子。

這正是教育可以入手處，創造一個適合的環境，給予適當的養分，讓種籽（孩子）長成它該有的樣子。這是從被動的角度看。如果從種籽（孩子）主動的角度呢？它要吸收什麼養分可以自己做決定嗎？坦白講，只要種籽（孩子）的主體性在、自己夠清楚，就能決定。每種植物所需的養分不同，它會抉擇吸取它所需要的；每個孩子其實也不同，照理講「本來就該」會吸取他所需要的，只要主體在，就不會被牽著鼻子走。在面對台面的社會環境時，才能在主體的基礎上清楚地去實踐，也願意去負責、承擔所長成的果。

凡走過必留下痕跡！對人生而言，種籽冒芽的階段就像是童年一般，小時候如何學習的經驗都會留在深沉的記憶庫中，而且影響深遠。有很多人，一回到童年，便哭到難以自已。有的難過長輩偏心，有的無法諒解媽媽老是逼迫她去學才藝，害她失去快樂的童年。

大部分的人都有個內在受傷的小孩，過去我們無法改變，但是，我們可以與他和平共處，進一步療癒童年的傷！從面對自己開始，有了成長、自我教育的歷程，再擴散到他人。而親朋、友人、社會、家國也會影響，激盪你自我教育、自我成長，更能面對自己。

在生活的脈絡裡

面對自己

↓↑

自我成長（生活經驗）

↓↑

自我教育

↓↑

擴散到他人

當你有了自我教育的歷程，再來面對孩子的教育問題，教育便由此而生，由此而開始。

因此，首要應該是接納與面對，而不是逃避過去，假裝什麼都沒發生。

如果你也想面對自己過去童年學習的痕跡，了解一下自己童年時候那個「內在的小孩」，那麼就回到童年向「內在的小孩」告白。

問題是如何面對呢？內在的小孩就像藏在心靈深處的一根心弦。成爲大人之後，現實的桎梏把我們層層包裹，導致我們有時候怎麼樣都無法撥動它。如果你想要療癒自己的內在小孩，就必須「振動自己的心弦」。振動就是聲音，聽得到的叫「聲」，聽不到的叫「音」，「音」者「引」也，引力的「引」、引導的「引」。除了聽得到「聲」之外，我們更該注意聽不到的「音」，引導我們回到過去孩童的狀態和內在的小孩共振，共振就能相應、就是同理，相應之後自然就能和童年的自己產生共鳴。

如果我們能夠回到童年傾聽內在的聲音，和內在的孩子產生共鳴共振，就能引導我們找到療癒自己的心靈鑰匙。心靈鑰匙一旦打開，就像一顆石子丟到心海產生一圈又一圈的漣漪，就像漩渦一樣，「漩之又漩、弦之又弦」就會有愈來愈多的心弦被撥動，長久以來的桎梏就會一層一層被解開，這就是自我療癒成長的起點。

對家長、對老師而言，如果你正在這可以影響孩子重要學習階段的當口，那麼請你「振動自己的心弦」！回到過去孩童的狀態和內在的小孩共振。當你有了這樣的體悟，再好好想想！因爲你的抉擇將影響孩子的未來。

來請育嬰假

誰是孩子的第一位老師？
父母，是孩子的第一任老師。
老師，是孩子智慧生命的父母。

第一個請育嬰假的男人

二〇〇一年兒子出生後，太太淑文原本是台北縣蘆洲國中的地理老師，她請了一年的育嬰假。後來我跟她說：「我想請育嬰假！」但是她沒有答應，說她想繼續請育嬰假。我就跟她說：「男人一輩子有一整年陪自己的孩子是很重要的！你不可以剝奪我的權利！」她就答應了！

我記得在我要請育嬰假的前一年，原本法規規定只有女老師才能請，後來法規改了，我就馬上請了育嬰假。所以，我應該是台灣第一個請育嬰假的男人！隔年《康健雜誌》報導爸爸節專刊採訪了我們全家，寫成專題〈好奶爸新風潮〉（二〇〇二年八月出版）。

贏在起跑點，輸在終點？

孩子，我要給你最好的，我要你比我更強！
孩子，我不要你輸在起跑點！
殊不知，贏在起跑點，卻常常輸在終點！

學習的態度，胃口！

兒子元椿沒上過幼兒園，上小學前我們也沒有教他注音符號，學寫字。他讀小一的時候，我是學校的主任，剛開學不久的注音符號考試，只考了四十幾分，不及格！對我這個擔任學校主任的老爸來說，面對兒子的老師，是有點……，兒子回家作業有時還會寫到哭呢！不過呢，透過陪伴，一個月後兒子就跟上了！

這個從不會到會的過程，讓兒子學到：只要我上課專心努力學習，就可以學會的態度。相較於其他人，可能在幼兒園老早就學會注音符號的孩子，他可能覺得這些我都學過了，我都會了，上課我不用專心也可以考一百分！而且他真的就考一百分！這些孩子可能學會什麼呢？哦！我上課可以不用專心也可以考一百分！這樣上課輕忽的學習態度，可能反而壞了學習的胃口！

兒子這個經驗，讓他學到上課專心很重要，只要努力學習就可以做得到！學習到面對問題，要找對方法解決！後來兒子在小學中年級時，英語課又考不及格了，這時他主動要

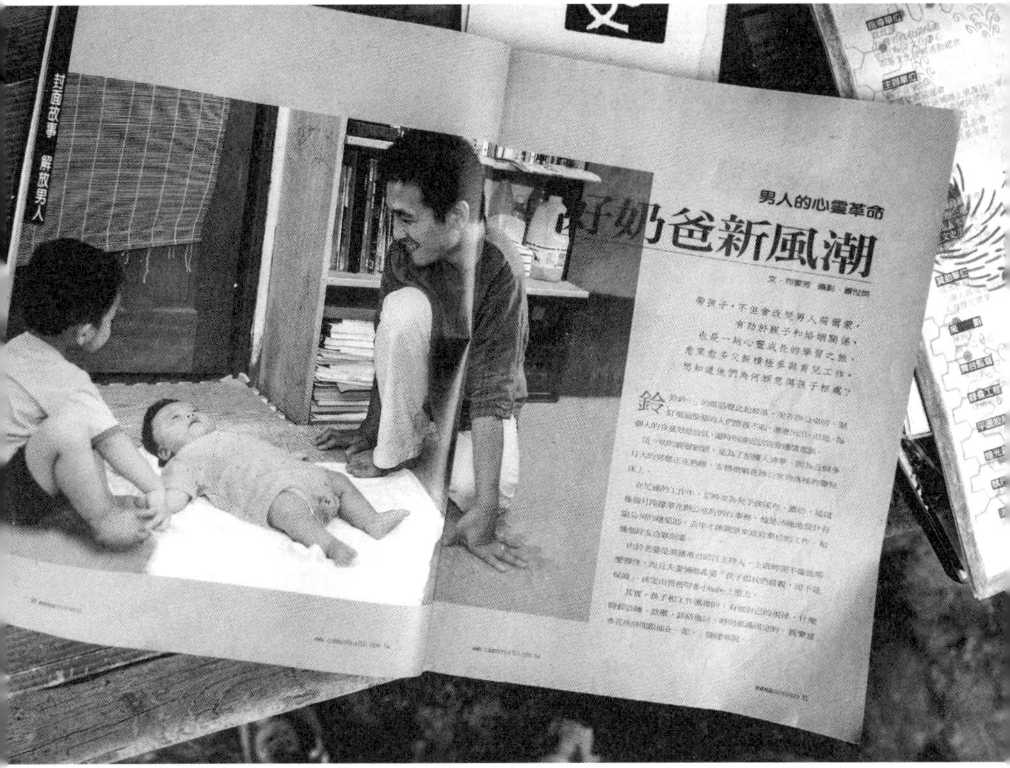

《康健雜誌》專訪請育嬰假的杜老師，寫成專題報導。

求要去學英語，我們就讓他下課後到一間美語教室去學習，過沒多久他就又跟上進度了！

後來兒子從小學到國中也都以優異的成績畢業。

孩子跨越門檻的啟示

我尚在考慮伸手不伸手的瞬間，隨時都在考驗！

父母教學現場老師介入太多，剝奪孩子自己探索的機會，放手，又怕孩子挫折……

分寸在哪裡？危險？

學習忍住、觀察。

一位有智慧的老師：其實人生中的每一步都是一個起跑點，同時也可能是一個成功點或失敗點，不是只有小時候而已。

輯三

少年禮三核心（自。動。好）

一、自發（發現天性）↓我是誰？

天命之謂性，行生合一，像種籽一樣

教育就是發現天命：發現我是誰？

「**天命**」**之謂性**：天命就是「**天的口令**」，就是「**性**」。什麼是「天的口令」呢？就是四時節令、宇宙的運行。每個人天生下來就各有各的特質、天性，有些人的質是小草，有些人是花、是大樹，小草不可能成爲大樹，大樹也不可能長成小草，此之謂性。

你要砍哪一棵樹？

你是哪塊料？天生我材必有用！

前面提到《中庸》云：「天命之謂性，率性之謂道，修道之謂教。」每個人天生下來就各有各的特質、天性，順著自己的天性、特質，長出自己該有的神采風貌，這叫**率性**。每個人依自己的天性，活出像樣的自己，讓自己成「材」。而教育就是要提供一個適合的環境，適時的提供環境與養分，引發它內在本有的生命力，長出他該有的自信和風采。

你要成爲怎樣的材？選擇成爲怎樣的人？

莊子「有用」與「無用」的寓言故事：

寓言故事一：莊子《逍遙游》

惠子謂莊子曰：「吾有大樹，人謂之樗。其大本臃腫而不中繩墨，其小枝卷曲而不中規矩。立之塗，匠者不顧。……」

莊子曰：「……今子有大樹，患其無用，何不樹之於無何有之鄉，廣莫之野，彷徨乎無為其側，逍遙乎寢臥其下。不夭斤斧，物無害者，無所可用，安所困苦哉！」

惠子對莊子說：「我有棵大樹，人們都叫它『樗』。它的主幹上長了很多樹瘤，不符合繩墨取直的要求，它的樹枝也是凹凸扭曲，也不適應圓規和角尺取材的需要。雖然生長在道路旁，木匠連看也不看。」

莊子說：「現在你擔心這棵樹大而無用，不如把它種在空曠的郊外，你就可以很悠閒地在樹底下盤桓休息，自得其樂。這棵樹既然不能做爲材料，就不會有人來砍伐它，不會遭到刀斧砍伐，也沒有什麼東西會去傷害它。把它種在無人之境，雖然沒有派上什麼用場，它也不會妨礙到別人，這還有什麼好操心的呢？」

寓言故事二：莊子《山木》

莊子行於山中，見大木，枝葉盛茂，伐木者止其旁而不取也。問其故，曰：「無所可用。」莊子曰：「此木不材得終其年。」

莊子走在山中，看見一棵大樹，枝葉茂盛，可是伐木工人只靠在樹旁休息，把四周的樹都砍掉了，而不砍伐這棵樹。莊子問他原因，工人回答：「這樹沒有用處，不能當木材。」莊子便對學生說：「這樹因爲沒有用處而得以終其天年。」

夫子出於山，舍於故人之家。故人喜，命豎子殺雁而烹之。豎子請曰：「其一能鳴，其一不能鳴，請悉殺？」主人曰：「殺不能鳴者。」明日，弟子問於莊子曰：「昨日山中之木，以不材得終其年；今主人之雁，以不材死；先生將何處？」

莊子從山裡出來，住在老朋友家，朋友非常高興，叫童僕殺雁鴨招待莊子。童僕請示：

「一隻雁鴨會叫，一隻不會叫，將殺那一隻？」主人說：「殺不會叫的。」

第二天，弟子問莊子：「昨天山中的大樹，因爲沒有用得以享天年；現在主人的雁鴨，因爲沒有用處而死，先生將如何自處？」

《逍遙游》中的樗樹因「無用」而長壽；樗樹因爲枝幹盤結扭曲，不能做爲材料，所以不會被砍伐，這「無用之用」正是它的大用！

《山木》中的大樹因「無用」而存活，但是，雁鴨卻因「無用」而喪命？於是莊子的學生請問莊子如何自處！

莊子笑曰：「周將處乎材與不材之間。材與不材之間，似之而非也，故未免乎累。若夫乘道德而浮游則不然。無譽無訾，一龍一蛇，與時俱化，而無肯專為；一上一下，以和為量，浮游乎萬物之祖；物物而不物於物，則胡可得而累邪！此神龍黃帝之法則也。若夫萬物之情，人倫之傳，則不然。合則離，成則毀；廉則挫，尊則議，有為則虧，賢則謀，不肖則欺，胡可得而必乎哉！悲夫！弟子志之，其為道德之鄉乎！」

莊子笑著回答說，他會選擇處於有用和沒用之間。不過他指出，處於有用和沒用之間，仍是要受制於客觀條件，不能眞正達到自由自主。要有眞正的自由，能夠役萬物而不被外物役使支配，便要懂得順應自然，做到或龍或蛇，屈伸自如，順著時勢變化而行動，不偏滯專爲。或飛動、或潛屈，總以和光同塵，爲行爲準則。不求榮譽，也就不怕毀謗；時而像龍騰飛於天，時而像蛇潛藏於地，會隨時勢而變化，不偏執於一種表現。

雖然樗樹、山中的大樹和雁鴨，處境截然不同，不能單純拿他們「有用」或「沒用」來解釋各自的命運。一棵樹是不是好木材，一隻雁鴨會不會啼，大抵是與生俱來，人的天賦才能有其特質，如何發現自己的才能，發揮所長，是個重要課題。而大有才能、大有智慧的人，自會審時度勢，有時深藏不露，有時鋒芒盡顯，決不會強自出頭，爲要展示才華而招致禍害。

面對現實，記得初衷：什麼才是你內心眞正想要的？

前陣子在網路上有一則教授和學生的對話，頗有意思，大概的對話是這樣的：

教授問：「如果你去山上砍樹，正好面前有兩棵樹，一棵粗，一棵細，你會砍哪一棵？」

問題一出，大家都說：「當然砍那棵粗的了。」

教授一笑，說：「那棵粗的，不過是一棵普通的楊樹，而那棵細的卻是紅松，現在你們會砍哪一棵？」

學生一想，紅松比較珍貴，就說：「當然砍紅松了，楊樹又不值錢！」

老教授帶著不變的微笑，看著學生問：「那如果楊樹是筆直的，而紅松卻七歪八扭，你們會砍哪一棵？」

學生覺得有些疑惑就說：「如果這樣的話，還是砍楊樹。紅松彎彎曲曲的，什麼都做不了！」

教授目光閃爍著，學生猜想他又要加條件了，

果然他說：「楊樹雖然筆直，可由於年頭太久，中間大多空了，這時，你們會砍哪一棵？」

雖然搞不懂老教授的葫蘆裡賣什麼藥，學生還是從他所給的條件出發說：「那還是砍

紅松，楊樹中間空了，更沒有用！」

教授緊接著問：「可是紅松雖然不是中空的，但它扭曲得太厲害，砍起來非常困難，你們會砍哪一棵？」

學生索性也不去考慮，他到底想得出什麼結論，就說：「那就砍楊樹。同樣沒啥大用，當然挑容易砍的砍了！」

教授不容喘息地又問：「可是楊樹之上有個鳥巢，幾隻幼鳥正躲在巢中，你會砍哪一棵？」

終於，有人問：「教授，您到底想告訴我們什麼？測試些什麼呢？」

教授收起笑容說：「你們怎麼就沒人問問自己，到底爲什麼砍樹呢？雖然我的條件不斷變化，可是最終結果，取決於你們最初的動機。如果想要取柴，你就砍楊樹；想做工藝品，就砍紅松。你們當然不會無緣無故，提著斧頭上山砍樹了！」

後來有人將莊子的故事做了一些改編。

改編一：莊子從山中出來，到一個老朋友家裡作客。朋友很高興，叫僕人殺雁鴨款待。僕人問：「家裡的兩隻雁鴨，一隻是良種，吃起來鮮甜嫩滑；另一隻是劣種，烹之味如嚼蠟。殺哪一隻呢？」主人說，款待老朋友，當然要吃好的，怎能用劣種雁鴨？於是，劣種雁鴨便和山中那棵不能用做木材的大樹一樣，因「沒用」而保住了性命。

改編二：莊子來到山下一處空地，看見一棵枝葉茂盛的大樹。四周的樹全都被砍光了，只留下這一棵。莊子問爲什麼，工人說：「這塊地的主人要在這裡建造一座花園，沒用的樹都要砍掉清除；剩下這棵樹，枝葉婆娑好遮蔭，主人說保存下來，留在花園裡供人乘涼。」莊子對學生說：「這棵樹因爲有用，得以終享天年。」可遮蔭的樹就和會啼的雁鴨一樣，因「有用」而保住性命。

其實接下來可能還有一些狀況會影響「有用」、「無用」能否保命！端視當時的狀況而定。不過，在面對生活中眞實的狀況時，認清自己是哪塊料！選擇要成爲怎樣的材！最後回到初衷，問問自己：「什麼才是你內心眞正想要的？」然後就認眞地做、篤定地去做。教育，就在裡頭！

什麼是「生日」？什麼是「天命」？

生＋日＝星。每個人都是宇宙中獨一無二的一顆星，就是天命。

星：星辰——每個人都是宇宙中的一顆星。

行：做！眞「行」的人，才是「眞行」的人！

省：反省。醒。瞖（目睛照也）。

性：「天命」之謂性。

生日主題：一顆核桃

從小學到大學，我總是看著同學們彼此慶祝生日，一來因爲我的生日在暑假，而且我們家也沒有慶生的習慣。所以，我幾乎沒有慶祝過生日。開始教書後，每年七月六日生日時，孩子們也早已放假了，一直以來我也沒太在意。倒是近幾年來，當年畢業長大的孩子都會利用暑假到家裡幫我慶生，有時一整群，有時從早到晚分批而來，而今年（二〇一五）

卻是讓我最爲深刻而感動的，因爲二十年前，一個當年教了他兩年只跟我說了兩句話的學生，因爲一顆核桃，串起了這條二十年的線，一條教育路上用等待交織而成的、無形的線。

二〇一四年七月六日生日當天晚上，幾個到南京畢旅畢業、已經是國三的孩子們幫我慶生，中間出現了一個看到網路訊息趕過來，讓我驚喜又感動的人。

一個年近三十歲的畢業生，滿身大汗拿著身分證和一盒養生禮盒來到我面前，靦腆地說：「老師，我找不到帶殼的核桃。」在場的這些學弟妹們聽到核桃都很驚訝。核桃對於我的學生們有種特別的意義。二十年前一個當年教了他兩年只跟我說了兩句話的學生，為了找核桃當禮物，跑遍了淡水，找不到，只好買了禮盒趕過來。

阿嘉（化名），謝謝你，沒有忘記核桃，因為有你，核桃有了更動人的意涵。也謝謝小麥老師和這群國三剛畢業的孩子們。

回到家，當年阿嘉的同學阿俊，買了蛋糕、啤酒在家等我和家人一起慶生。

我將上面這段話貼在網路上，下面是一段小小的回應：

謝基煌老師（好友）：核桃，是因為少年禮對嗎？

杜守正：是的。

阿俊（二十年前的學生）：雖然那年的我們並沒有舉辦少年禮的儀式，但核桃的意義早已在心中深埋，也成為我們彼此的共同聯結。

爲什麼這群孩子們會對核桃有不一樣的感受呢！其實當年我常把帶殼的核桃當小獎品給孩子們，過年的紅包裡也有「核桃」，孩子總是想盡辦法才能把帶殼的核桃撥開，有的用摔的，有的用石頭敲，**生命要透過努力，還要有竅門，才看得到裡面的內涵**。

撥開外殼後，孩子總是迫不急待地「卡滋、卡滋」嚼著核仁，哪知生澀的核仁一點也沒味道，害得孩子差點一口吐出來。這時我總是笑著說：「慢慢嚼，嚼十下、二十下、三十下，就會愈來愈甘甜，因爲生命的原味，要慢慢咀嚼。」

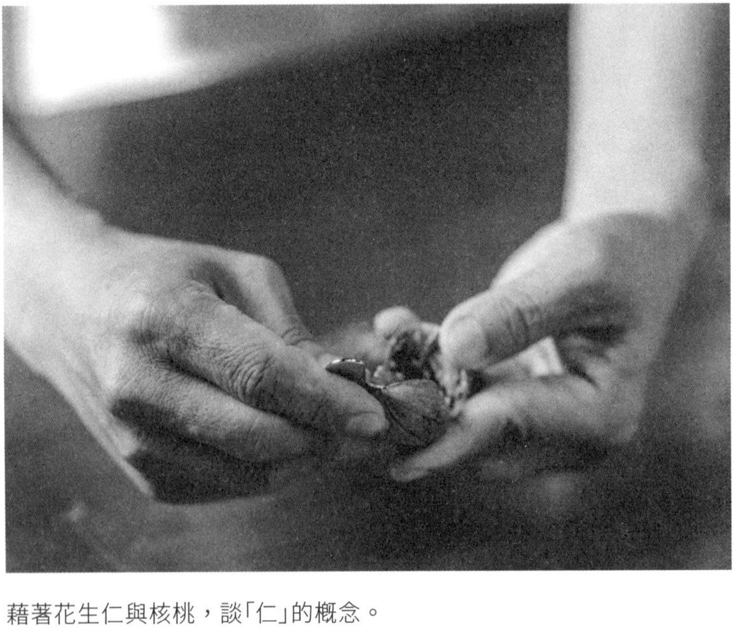

藉著花生仁與核桃，談「仁」的概念。

接著我會藉機告訴孩子們，核仁的「仁」代表個人，就像花生仁一樣，你可以選擇熟的蒜味，或是香酥的花生仁代表你自己，很香、很吸引人！但是也很容易一口就被吃掉！也可以選擇生的花生仁或是核桃仁，剛吃的時候很生澀，但是愈嚼愈香！就像當「人」一樣，你要選擇當一個花枝招展、外表很吸引人的「熟的花生仁（人）」，很快就有男女朋友，一口就被吃掉了！還是當一個外表看似樸素、不起眼的「生的花生仁（人）」，但是相處愈久愈有味道、愈相處愈喜歡的人呢？

更重要的是，生的核桃，代表生機！生的花生種到土裡還可以冒芽、成長，可以取之不盡，用之不竭！你選擇當什麼樣的人呢？未來你要找的男朋友、女朋友是哪一種人呢？

今年，在我生日前一天晚上，這些孩子、小麥老師、家長和我的家人，給了我一個既驚喜又感動的晚上。

七月五日（星期日）下午，我們全家去看電影，老婆說明天要給我一個大紅包買古琴；回家的路上接到蔡劼揚（四年前帶去南京畢業旅行的學生）爸爸的電話，要我回程先到他家坐一下，要跟兒子元椿聊一下騎腳踏車的事。

到了之後和蔡爸爸小聊了一下，蔡爸爸帶我走進社區大門，在一陣彩帶拉炮之後，看到一個生日蛋糕，小麥老師、思齊媽媽和一群長大的孩子們，我這才發現這是他們早已和我的家人（淑文、元椿、欣諭）串通好的。當下我確實既驚喜又感動，眼淚幾乎要掉下來了，萬萬沒想到這群孩子和家長聯合我的家人，一直把我蒙在鼓裡！

切了蛋糕，和二、三十個孩子、家長一起烤肉，一直到晚上九點左右，收拾完後，走到社區大門口，天空竟然出現了煙火，像是廟會一般！天啊！這些孩子還安排了這個橋段，我結婚時都沒這樣呢！感謝小麥老師、劼揚爸媽、思齊爸媽、宥蓁爸爸、這群孩子們，還有家人配合的演出，這些安排讓我在生日前一天就感動滿滿，心存感恩啊！今晚可能難以入眠，也可能美夢連連了！再過幾小時，就是生日了，還是要感恩我的母親，一個沒上過學，卻教養我四十六年歲月的鄉下婦人。我知道，我沒有讓她漏氣！這是我當年走進教育時，對母親的承諾。

隔天，我在學校值日，我在等待！等待阿嘉！等待這個近二十年前，一個當年教了他兩年只跟我說了兩句話的學生！

下午，他眞的出現了，瘦高的身軀、靦腆依然，只是似乎多了一點點的熟悉感。這次，他手上拿了一罐「帶殼核桃」和一顆西瓜！一年不見了，點滴在心頭。

他現在已經不住在淡水，今天特別過來，和我聊了將近兩個小時！他說五、六年前，當他大約二十四、二十五歲左右時，就曾動念要來找我，只是一直擔心不知如何應對，因爲他曾經有一段不知如何啟齒的過去。這一晃五、六年就過了，去年終於付諸實現。而我這一等，等待了近二十年！

他又說，和老師有一種像親人的感覺（在很靦腆的表情下勉強說出），謝謝你！阿嘉！因爲你讓老師知道：教育是值得播種的！教育是需要等待的！謝謝你，沒有忘記核桃，因爲有你，核桃除了有更動人的意涵，更有著另一段深刻的回憶。

他告訴我，那罐「帶殼核桃」他已經打開檢查有沒有壞掉，而西瓜是媽媽要他帶給老師的，說話的語氣雖然帶著害羞，而我卻聽得出他的心意，早已感動在心頭、熱淚在眼中。

下面是近幾年來和阿嘉的部分對話：

阿嘉：您好。我是您教過的國小學生，能加您好友嗎？
杜老師：你好，很高興收到你的訊息，只是不知道你是哪位？
阿嘉：你好，我是○○○那一屆的我姓○，那個，老師，我不知到要如何找到您。
阿嘉：老師，我有從○○○那裡得知您目前人不在北部，等您回北部我在去拜訪您。
杜老師：哇！真高興，老師最近才和別人聊到你當年的事，等老師回淡水再見面喔！

二○一四年七月六日。17:11。
阿嘉：那個，杜老師，我能過去麥當勞看看您嗎？請問幾點？
杜老師：當然可以，六點過後。

二○一四年七月六日　。23:51。
杜老師：阿嘉，謝謝你今天來，老師很感動喔！改天要來找老師。
阿嘉：沒問題，目前待業中，隨時都可，早點休息，晚安。

杜老師：真高興有你的消息，晚安了。

二〇一四年十一月二十三日

杜老師：阿嘉，最近好嗎？

阿嘉：最近還好，杜老師，我答應過您，會去和您聊聊，如果您有空閒的時候，您留言告知我，我再過去拜訪您。

阿嘉：杜老師其實我也不知道要跟你聊什麼比較好。

阿嘉：我很想對您說謊，可是做不到，只能跟您說說這幾年我在做什麼。

阿嘉：我沒別的意思，只是想跟您說，很幸運在小時候有幸當您的學生，您對我而言，是很特別的存在！因為我沒有感受過其他人像您一樣對我的那種關愛。看到這裡，您或許會覺得奇怪！我接下來要說的，看完以後或許你會懂。

我十五歲開始離家學人混黑社會，剛滿十八歲就因一些刑案被判刑五年多，開始入監獄服刑。在監獄裡想了很多，也想起了您，當然還有我的父母家人。現在我假釋出來五年多了，有了正當工作也交了女朋友，以前的黑社會朋友也都沒連絡，一切都正常。

兩年前父親因為工作意外走了，我沒再跟您聯絡應該是那段時間吧！過了大約一年，我出車禍以後，開始想去和心裡重要的人連絡，直到前幾天一位遠親走了，才決定跟您說這些，因為我也怕哪天一個意外，沒能完成心裡想說的話和事情，會有遺憾。

麻煩如果您有跟其他人說起我的事情，請別將我的名字說出來，謝謝！我還是很害羞，或者孤僻，像個大孩子！

杜老師：阿嘉，人生有很多種可能，不管經歷過什麼事，重要的是現在的自己怎樣看待。很高興你還會想起老師，老師也常惦記著你。你上次為了核桃找遍整個淡水事，老師很感動。老師在談的時候不會說出你的名字啦！有時間，老師還是想和你見見面，不一定要多聊什麼，就是見見面，聊聊天啦！

二〇一五年七月六日。11:11。

阿嘉：杜老師，生日快樂，不知道今天下午您是否有活動會外出，想過去拜訪您，不知道方不方便？

杜老師：我在學校，歡迎你來。老師一直掛念著你呢！

二〇一五年七月六日。19:44。

杜老師：阿嘉，真的很謝謝你，加油！老師一直都在！

二〇一五年七月八日。6:50。

阿嘉：杜老師，您送我的那本書《在愛裡活著》，我已大致看完，感觸真的無限的多，感覺好像我又回到剛進囹圄的時候，又重新地思考了一次。現在我正在慢慢地思考與吸收，然後打算再重頭看一次。真的很謝謝杜老師您送我這本書，對我而言這是我今年最好的生日禮物。

阿嘉：杜老師我想跟您說一件事，想聽聽您的看法當做參考。如果有一天我遇到以前的那個老大，我該怎麼做？跟他拚命？還是敢快逃跑去報警？

二〇一五年七月八日。17:20。

杜老師：阿嘉，你已經做了讓很多人感動，讓很多人值得學習的事，這些看似普通平常的舉動，其實就是在做教育的事，而且是很多人做不到的。而你，正用行動緩緩地實踐、在心裡慢慢地走著！每個人學習實踐的速度都不一樣，都該受到尊重！你的實踐，讓老師看到、也印證了老師多年來教育的想法！雖然曾經有過一些不堪的過去，但是，你目前正逐步在心裡、在實際行動上的前進，是很多人該學習的！謝謝你，讓老師也有了更深刻的體會及學習的機會。

你過去的事，老師覺得安全第一！如果真的遇到，也要看狀況，這個圈子你比老師了解，有機緣化解當然很好，但也不要傻傻地任人處置！有時候時間和機緣會是很好的良方！重要的是你的心理狀態要有所提升！這點，你已經走在路上了，加油！老師隨時都在！

我們每個人都可以有一方天地，回到自己天生本能做為一個「人」的質地，享有這上下四方、古往今來的存有。社會再怎麼紛雜，教育的理論再怎麼新潮，你就在這宇宙的時空之中，能和孩子們交錯對話、對孩子有所影響，不只與古人交，也與孩子交，不分古今中外。雖然過程中必然有些挫折、低迴、愴然；當然也有肯定、欣然、狂喜與沉潛，對老師而言，真是一件幸福之事。

我相信每個人都做得到，只要你發現「中」、認真「做」、開始「學」。在生活中你將開啟一扇扇的窗，也協助孩子打開一扇扇的窗，看到不同的風景，在生命的大道上，你也將開啟一扇扇的門，記得！你走在前頭，孩子們將尾隨你而來，忽前忽後，相伴而行，一起學習、一起成長。

上面這段話是老師這些年的心得。

還是要謝謝你，這二十年的等待，很值得！我們一起走上人生的大道吧！

二〇一五年七月八日。21:56。

阿嘉：再次感謝杜老師，看了您給我的話，現在我的心平靜很多了，其他的，真的還有很多話想說，本來我還跟您說，但是我不知道要跟您說什麼，不過留到下一次見面再聊吧！

和去年一樣！我回到家時，當年阿嘉的同學阿俊，又買了起士蛋糕到我家，在我的桌上放了一張自己做的卡片。晚上，我打了通電話回老家給阿母，告訴她這兩天的事，謝謝她教養了我四十六個年頭，電話那頭聽得出阿母眼眶泛紅、卻又不知如何回應的感受，只勉強用鄉下話回答：這樣很好！我知道，走進教育，我沒有讓她漏氣！

五十而知天命？

二〇一八年七月六日，我度過了生命的四十九個年頭，正式進入五十歲生命。最常收到的祝福是「生日快樂！」感謝大家！不過我想最該感謝的是媽媽！最該得到祝福的也是她！

打電話回台南給阿母，謝謝她教養了我四十九個年頭，我告訴她，走進教育，沒有讓她漏氣！不過這次，媽媽把電話也拿給一旁的爸爸，我也告訴爸爸，今天是我的生日，感恩他和媽媽。

每年快接近生日的前幾天，我除了感念媽媽之外，心中也都會想起阿嘉。昨天晚上回到家，我的桌上放了兩盒帶殼的核桃，我知道阿嘉今天又來了，在我生日的前一天，他再度帶著核桃來祝我生日快樂。雖然沒看到他，心中依然深深觸動！

離家這麼遠了：爸爸開刀前有感

這一兩個月（二〇一八）以來，因爲爸爸腦部中風左手左腳受到影響，無法行動，之後又檢查出心臟血管阻塞，需做心臟血管繞道的大手術，幾經周折入院、出院、急診等等的奔波與勞累，平日都由大哥、大嫂和媽媽操勞，遠在他鄉的我們除了感念大哥、大嫂的孝心及辛勞之外，心中著實倍感愧疚！因此幾乎每個星期都從台北回台南，有時候甚至是從台北趕回台南直奔醫院，過個一兩天，又直接從醫院回台北，根本沒回老家。

十二月十四日下午，我從台北回台南，直接到奇美醫院，因爲爸爸預定今天一早七點多進開刀房準備開刀，主治醫師傍晚過來關心，說明開刀的事宜，並吩咐爸爸要早點休息，這陣子特別辛苦的大嫂和媽媽先回去休息，由我留在醫院陪爸爸。爸爸早早吃了安眠藥卻仍翻來覆去睡不著，後來又吃了第二顆藥才睡著。弟弟承澤昨晚九點多從屏東回到台南，也是直接到奇美醫院，帶了他女朋友特地求來的聖水給爸爸淨身，因爲擔心吵到爸爸，稍微幫爸爸淨身後，也請弟弟他們早點回去休息，明天一早再過來。

一早爸爸五點多就醒來，多次詢問六點了嗎？他要起來稍微盥洗上廁所，準備好進開刀房。好不容易等到六點多，盥洗完畢後，沒一會兒媽媽、哥哥和弟弟就來到病房了，左等右等到七點多卻未見消息，詢問之下，才知道開刀的安排有變化，醫院另有緊急的刀要先開，我們要延後，確切時間要等候通知。

一直等到過中午仍無消息，醫院交代昨晚十二點過後不可以吃東西、喝水，所以爸爸昨晚吃過晚餐後就沒再吃東西，只能用棉花棒沾水在嘴唇上擦一擦，到了下午，爸爸躺到有點煩躁了，當護理師進來量體溫、血壓時，問他還好嗎？有點煩嘿！爸爸說：「不只煩，快要抓狂了！」護理師耐心地說明原委後就離開病房去忙別的事了，我看在眼裡再次說明醫院的安排，安慰爸爸讓他了解，現在最重要的是安住自己的心！不過顯然沒有多大的作用。

接下來爸爸一會兒嘆氣、一會兒翻來覆去，很不安穩。有時還嘮叨著醫院不可以這樣……。

我趁隔壁床的病人不在時跟爸爸說：這些都是因果。過去您答應媽媽多少次要回來幫忙做的事情（搓小粉圓等等），後來都沒有實現！很多事情讓人家無法安心安排，多少個夜晚讓媽媽苦苦等候，卻不見人影。我只知道一部分的事，一定還有很多您讓人擔心、無法安排的事情！您現在躺這麼久、身心病痛一定很煩躁、痛苦，但是，過去媽媽遭遇的痛苦更多，您一定知道，您要在心頭上真心懺悔，迴向給那些您曾對不起的人！

說到這裡，我看到爸爸的眼角流下了幾滴眼淚，好像怕被我看見，偷偷地用手擦去！看到這樣，我的眼角同樣地泛著淚珠，我知道，爸爸聽進心裡了！

過了一陣子，醫院的人進來說明開刀安排事宜，哥哥也在場一起聽，聽完後，爸爸說：他在心裡想，要忍讓，既然安排插進來開刀的人比較需要，那就讓給他們，在心裡祝福他們。他還興高采烈地要跟我和哥哥分享以前聽過某個師父講的因果故事！不過醫生交代要他多休息、不要講話，我和大哥就請爸爸先好好休息，調整好身心狀況，等候安排，以後再跟我們分享。大哥也說：一切安排，都是最好的安排！醫生助理說要讓爸爸放鬆，剛剛爸爸打了針，應該會睡一下，等開刀的安排了。

心念轉，一切都會是最好的安排，前面的文字剛寫完，爸爸很快就安排進開刀房了，感謝所有親友的協助與祝福以及醫院的安排，感謝老天爺。

爸爸要進開刀房前，我再次跟爸爸說：心念轉就會有所不同，心存善念，一切都會有最好的安排，爸爸看起來心境開顏、帶著感恩與贊同的表情，我在心頭上放心許多。

爸爸從下午三點多進開刀房，我們三個兄弟在外面等，一直到半夜快十二點才出開刀房移往加護病房。醫師說明手術順利，不過因爲麻醉關係，人尚未清醒，雙眼仍緊閉著，我觀察到爸爸的氣色還算不錯，眼角依然有淚痕。詢問加護病房護理師表示，明天早上再來就可以了，有狀況會再電話通知，我們三兄弟就先回家了。

加護病房一天探視的時間只有早上、下午各一次，早上媽媽、大哥大嫂、弟弟和我輪流進加護病房看爸爸，他已清醒，一切穩定恢復中；下午再去看爸爸，狀況也很不錯，護理師表示若狀況穩定，預計明天就可以到普通病房了。

十六日近七點左右，大哥接到議員姑姑的電話，醫院說爸爸哭鬧著要出加護病房，要我們過去安撫、看看狀況。我和大哥一起過去，弟弟在家陪媽媽，出發前對於爸爸的煩躁吵鬧，我們原本都覺得眞是胡鬧、不可理喻，弟弟承澤倒是頗能體諒，表示爸爸身心不舒服，會煩躁是正常的！我心裡很是佩服！當下轉念，在前往醫院的車上心裡想著要用怎樣的說法讓爸爸安心。後來我和大哥在加護病房待了很久，一方面陪爸爸，一方面也慢慢說服他，看著爸爸漸漸安心之後，我和哥哥才離開。

早上大哥大嫂、媽媽、弟弟和我來加護病房看爸爸，護理師說昨晚爸爸幾乎沒睡，心情也很煩躁，並表示下午可以移到普通病房了，我告訴爸爸，下午我要回台北，現在的身心病痛是必然的，要他記住前幾天轉念懺悔迴向的經驗，聽大哥、大嫂和媽媽的話、要加油！爸爸點點頭，說他會聽話、會加油。

現在我已搭上回台北的高鐵，感謝大哥大嫂、親友的協助，希望接下來一切可以順遂、平安。

二十多年前用毛筆寫下民間美術的話語，如今早已斑駁，卻依然掛在淡水演戲埔腳客廳的牆上：

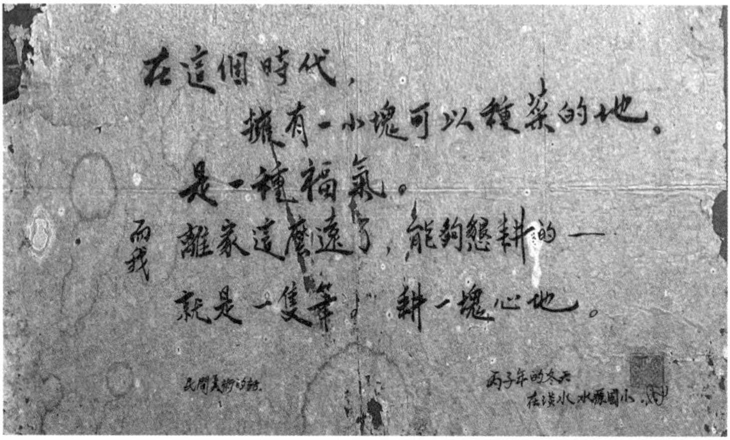
在這個時代，
擁有一小塊可以種菜的地，
是一種福氣。
而我
離家這麼遠了，能夠懇耕的—
就是一隻筆，耕一塊心地。

在這個時代，擁有一小塊可以種菜的地，是一種福氣。

而我，離家這麼遠了，能夠懇耕的，就是一隻筆，耕一塊心地。

從近半年前媽媽暈眩無法行走，到近一兩個月爸爸中風，雖然南北奔波，總不及大哥大嫂隨時地出入照顧。過程中必然身心勞頓，但是，心中總也感念，至少還能夠讓我們這些晚輩有機會盡點孝道！深自反省，我們這輩子該做些什麼！還能爲父母做些什麼？樹欲靜而風不止，子欲養而親不待啊！回到生活的實然，面對各式各樣的困難、情境、考驗與抉擇，心中便也有股篤定的釋然。

爸爸的生日：沒有生日蛋糕的生日

生日要慶祝嗎？在台南老家，從懂事以來總有長輩交待不要過生日的印象。因此，從小到大也就不會爲爸爸媽媽慶生。

慶祝生日對現代人而言應該是稀鬆平常的事，不過，也曾聽說生日是母難日，應該感念媽媽的辛勞、從小到大的養育之恩！

今天是爸爸的生日，上個星期我跟爸爸約定今天要請他在祖先面前跪拜。爸爸現在不良於行，祖先的牌位在頂樓，原本我計畫背爸爸上樓，今日爸爸狀況尚可，我和哥哥一起慢慢扶著爸爸上樓，每爬一層樓，就在樓梯間坐下休息，媽媽也陪在身邊。

我點了香給爸爸，和大哥一人一邊扶著老爸一起跪拜，媽媽則第一次用手機幫忙拍照。爸爸說出了對祖先的感念及懺悔，感念過去「他的媽媽」的生育之恩，感念祖先的養育之恩！也告訴祖先過去他做了很多讓他們擔心、困擾、不孝的事情，未來他要和媽媽一起念佛做義工，不讓祖先漏氣！之後，我請爸爸媽媽上座，我和哥哥一起跪拜他們，感念他們的生育、養育之恩。

這兩三個月以來，因爲爸爸腦部中風無法行動，之後又檢查出心臟血管阻塞，做了心臟血管繞道的大手術，幾經周折入院、出院、急診等等，因此幾乎每個星期都從台北回台南，有時候甚至是直奔醫院，根本沒回老家。不過這些總不及大哥大嫂在台南隨時地出入照顧，尤其是大嫂的孝心、孝行更是有目共睹。

從近半年前媽媽暈眩無法行走，到近日爸爸中風、心臟動大手術，雖然南北奔波，身體心理雖然勞累，在心底總有股感念，感恩還有機會讓我們做後輩的盡點微薄的孝道，身心雖然疲累，但是卻有一種打從心底的珍惜感。

《孝經》開宗明義說：「夫孝，德之本也，教之所由生也。」品德教育的根本在孝，教

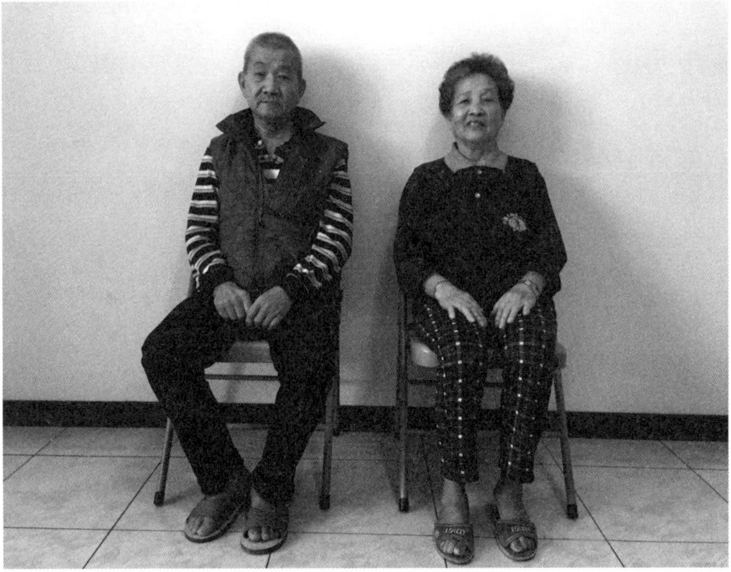

在這個時代，離家這麼遠了，珍惜、感恩還能盡點微薄的孝道。

育由此而生！不談孝道、不行孝道，這樣的本末倒置如何走教育的路！深自反省！

現在我又搭上回台北的高鐵，內心依然感謝大哥大嫂、親友的協助，希望接下來一切可以順遂、平安。

在這個時代，離家這麼遠了，珍惜、感恩還能盡點微薄的孝道。

深深感念！

二、互動（關係聯結）↓我從哪裡來？

率性之謂道，行人合一

「率」性之謂道：這個「**率**」一般讀作「率（帥）性」，在此我認爲應該讀作音樂旋律的「**律**」，也就是圓周率的「率」：**3.14159……**，在天地宇宙間，順著像彈簧一樣螺旋的軌道旋轉，而且不只旋轉，是旋之又旋、玄之又玄，無窮無盡地旋轉！就像我們的DNA一樣，雙螺旋！

順著自己的天性、特質，長出自己該有的神采風貌，這叫**率性**。也就是小草就長成小草；杜鵑花就長成杜鵑花；大樹就長成大樹，這就是「天命之謂性，率性之謂道。」每個人依自己的天性，活出像樣的自己，這種生命的完成就是「道」。

我從哪裡來？

我從哪裡來？當然從媽媽肚子裡生出來的！我們每個人的生命都來自父母的DNA。

我常會問小朋友：「你今年幾歲？」小朋友會回答：「十二歲。」

我會繼續追問：「你從哪裡來？身上有父母的基因DNA嗎？當然有啊！有沒有爺爺奶奶的爺爺奶奶……的基因DNA在你身上？當然有啊！那你今年幾歲？」

通常這時候小朋友會露出一副思考的表情，然後發出嗯……的聲音，我就會說：「其實你是千年老妖怪！而且不只是千年，還是億萬年的老妖怪！每個人都是！搞不好你身上還有恐龍的當年嗯嗯……的便便成分，透過植物吸收，將營養能量輾轉到你的身上呢！所以，每個人都是千萬年的老妖怪！」

那麼，請問你今年幾歲？其實，每個人都是穿越時空而來，萬物是一體的。

鄉下村莊的孩子王

小時候我是個鄉下的野孩子，經常帶著一群人一起玩，一起偷龍眼、偷芒果，一起搞怪，從這個村莊到另一個村莊，這樣的惡名昭彰當然會造成家裡的一些困擾！比如拿彈弓射小鳥，不小心就會射破別人家的門窗，甚至到後來，誰家的門窗被打破了總是會第一個想到我，不管是不是我闖的禍，傍晚就會到我家來興師問罪！雖說當時不是眞壞到哪裡，而是在鄉下無聊，調皮愛玩，不過確實也做了一些讓自己現在想起來都覺得臉紅、丟臉的事！

關於媽媽：借學費的故事

我的媽媽沒有上過學，不識字，在我大四那一年，她利用晚上在村莊廟裡開始學注音符號。我的爸爸國小沒畢業，在一家成衣工廠上班，但是只要領完薪水，總有幾天不見人影，經常不在家，家中生計大多靠媽媽打零工以及後來推著賣冰的大攤子來維持。

我小學讀鄉下的長安國小，十分調皮愛玩，不愛讀書，成績大都在中上程度，後來到鎮上讀安順國中，學期初要繳學費，我一直未繳交，直到老師催促，因爲爸爸一直未回家。我回家後跟媽媽說：「明天要交學費了，老師已經在催了。」大約兩三百塊的學費，媽媽也沒有錢，當時我看著媽媽走出庭院，隔著圍欄向隔壁的嬸婆借錢，嬸婆用閩南語回應：「啊你老公不是有在賺錢嗎？」只見媽媽仍舊低聲下氣地向嬸婆借了錢，我在客廳看見了這一幕，而媽媽並沒有察覺！

那一刻，那個鄉下孩子王的我，在心中似乎被觸動了什麼！那一個學期，國中的第一次期中考，我考了人生中第一次的全校第一名，也是唯一的一次，因爲那一次之後，國中我就沒有再考全校第一名！但是成績倒也名列前茅，之後考上了台南一中。當時我念的小學長安國小一個年級只有三個班，而我並非最優秀的學生，安順國中一個年級就有十三個班，對一個鄉下野孩子而言，這是過去所沒有的經歷。

關於爸爸：做個比爸爸更好的爸爸

每年在八月八日父親節的前後，總會想起多年前這段往事。淡水的冬天有些濕冷，在這裡和小朋友度過水源的第二個冬天。平日會請兩三位小朋友到宿舍吃飯，有時刻意、有時隨興。三五道簡單的菜，總得吃得精光。我煮，他們洗碗筷。飯後就泡泡茶、聊聊天，或散步到其他同學家，順道做個家庭訪問。這樣的日子，很有一種舒服的默契對待在裡頭。

阿儒，一個心思細膩、情感豐富的大孩子。父母離異、父再娶，跟爺爺住。那天在宿舍，他說出了心中對爸爸的怨與不滿，也傾訴了對隔壁班女生，想放棄卻又放不下的情感困擾。後來，他寫了一首詩：

百年難忘教師恩，千年難忘友誼情。
我跟老師如好友，泡茶聊天談心事。

阿傑，一個勤快懂事、引人疼愛的孩子。父母離異、父在台中，媽媽已不知去向了，爺爺是四十多年的老工友，他就住宿舍對面、爺爺家。那天，在一盞燈、一壺茶的氣氛下，他那欲語又止的面容，終究開口傾洩。那晚，他在我懷裡哭了一陣子。離開時，我送給了他一句話：「**做個比爸爸更好的爸爸。但，爸爸終究是爸爸。**」

一堂有感的音樂課

一九九九年六月三日星期四，早上第三節是音樂課，讓孩子們聽音樂課本的曲子〈水滴與小溪〉。孩子們就一邊聽、一邊在教室「比舞」（尬舞？），很是興奮。尤其是〈水滴與小溪〉那首曲子，是二部輪唱的，兩邊的人都使力地唱，很大聲，很震耳。

後來，我放了另外一首曲子，陳明章的〈咱的寶貝〉（爲什麼會想放這首？有什麼關聯性嗎？只是想說其他老師可以參考），才聽到前奏，全班頓時安靜了下來，我把歌詞抄在黑板，孩子們就這樣跟著一起唱，唱著、唱著，竟有幾位孩子不自覺地留下了淚。（孩子們是想到什麼而感動呢？以老師對孩子家庭背景的了解）剛開始還有些不好意思，有些孩子甚至會笑他們，但是，漸漸的，因為氣氛的擴散，我把大家叫到前面的泡茶桌，圍坐在一起（為什麼想這麼做……這個背後的想法會更吸引人）。

大家手牽著手，一遍遍的唱著，也覺得有股暖流，流盪在彼此的手心。下課前，我要每個孩子一一地和我誠心地擁抱，我摸摸每個孩子的頭（為什麼這樣做？），這節課就這樣結束了。

第四節是魏老師的課，上美勞。聽孩子說魏老師一進教室時，還有小朋友在流淚。魏老師問為什麼，後來，她看到了黑板上的歌詞，就大致知道了，而孩子們的氣氛竟也感染了魏老師，她也留下了淚。

因為有感，所以流淚

後來，魏老師還跟孩子們談了她親身的經歷與心情。隔天，孩子們在塗鴉本裡說：魏老師被翊靖傳染，所以哭了。

也有孩子記錄了當天的情形，翔文是這樣記錄的：

聽音樂，第三節課的時候，老師「上」我們聽音樂。總共有九個人在哭，下課以後，我問崇旗他們為什麼哭！崇旗說：「因為有些人沒有母愛，有些人是感動。」

後來，小朋友把這首歌的歌名「伊是咱的寶貝」，改成〈爸媽的心聲〉，歌詞是這樣的：

一蕊花生落地　爸爸媽媽疼尚多
風那吹　愛蓋被　不要予伊墮落黑暗地
未開耶花　需要你我的關心
予伊一片生長的土地
手牽手　心連心　咱豎作夥　伊是咱的寶貝

十多年前的交會：「水源十年。生活的歌」演唱會

這是一場不一樣的教育演唱會，在水源整整十年，我把多年來水源孩子的童詩、在這塊土地生活的歌曲，錄製成《杜老師和水源的孩子》CD專輯，還入圍金曲獎「最佳兒童樂曲專輯」。當天我帶著水源的孩子在刮風下雨、低溫六度的操場草地辦了這場演唱會，遮雨棚下的操場擠滿了人。

我把十年前學生阿儒用毛筆寫的童詩放大當舞台布景看板：

白鷺低飛　老鷹徘徊　月下的老人在種菜　風光景色真可愛
婦人打鼓　農人歌唱　小狗走在水源的田野上　夕陽黃黃影子長
抬頭看星河　好像一條大蟒蛇

現場我講了十年前和阿儒、阿傑生命裡共同的故事——「做個比爸爸更好的爸爸，但

爸爸終究是爸爸。」我也請自己的爸爸上台，像十年前這兩個孩子在我面前對爸爸的告白一樣。

我說：「雖然爸爸在家族裡是個令人擔心的大孩子，但我今天做事的熱忱以及在水源所做的一切，包括樂器、口琴都遺傳自爸爸，甚至有些是我學不來的。」接著我和爸爸合奏一首口琴和吉他的曲子。也許不是所有的人都適合用這樣的方式，但我用一個「生命帶領生命」的方式，以「做一個比爸爸更好的爸爸，但爸爸終究是爸爸」爲主軸，去做一個屬於自己完整的呈現。

當時已經是大學生的阿儒馬上在現場寫了一首藏頭詩〈守正師存〉送給我：

守山守地守水源　正心正品正其氣

師恩師情師友愛　存年存月存長久

這樣的師生情誼，讓現場的觀眾感動落淚。有朋友說：「我感受到一股很眞誠的生

「水源十年。生活的歌」演唱會，杜爸爸講話影片。

命力，從杜老師開始，散發在那群孩子、家長及朋友身上。第一次這麼近距離看見人可以眞誠呈現該有的面貌。可以坦坦然、舒舒服服，面對生活的種種——包括挫折。」

現實的煎熬與等待——老爸的街頭藝人「古城鄉巴佬」

十年前、風雨交加、低溫六度……老爸第一次上台演出的感動！這場用生命帶生命的告白之後……會有改變嗎？

我身處台北，老家在台南，從國中開始，老爸的種種作爲我一直想盡點心力。

回想十年前，在風雨交加、低溫六度的水源國小操場，當年是我老爸第一次上台演出，聽老爸的那段話，顯然表現得比我還棒！這場用生命帶生命的告白之後，本以爲老爸應該會有所改變。但是，他從工廠退休後，退休金不到一年，沒了！接著又將家中三、四分田地賣了，幾百萬的金額，不到一年也花光了，家人問花到哪去？老爸也都不講！

等待：街頭藝人「古城鄉巴佬」

雖然如此，我和家人陸續買了吉他給老爸，也陪老爸到公園聽街頭藝人唱歌，老爸有時也上場彈奏，媽媽和孫子們都到場支持。

直到幾年前暑假，老爸考取了街頭藝人，他已經在台南國華街的街頭走唱，他還組了一個不老樂團「古城鄉巴佬」！電視台還有專訪呢！除了在台南各古蹟演出外，也受邀演出！

看著老爸的神采和媽媽的神情，我知道，我老爸回來了！這是我最感欣慰和高興的事。

事隔多年，八八節前夕，心中感觸良多，昨天在赤崁樓，今天早上在安平古堡，下午在台南土城聖母廟。擔任團長兼吉他手的老爸很酷！電吉他的弦還用彩色的更酷！

教育需要等待，不只對孩子們，對大人也是！對自己的親人更加困難！

希望每個人做個比爸爸更好的爸爸，但，爸爸終究是爸爸，送給一代傳接一代的爸爸們！

把自己種回來！

二〇一九年教師節，心有所感寫下了這句話：「把自己種回來！」給學生，也給自己。

教書？還是教人！名師？還是明師！

一九九五年到水源國小擔任老師，歷經五六年級、三年級、一二年級導師、組長、教導主任、輔導主任、總務主任。二〇一九年離開教育局，回到教學現場，擔任四年級導師，基本上從低中高年級導師、組長到各處室主任，每個角色位置都已經歷。

教學現場面對孩子，面對自己，總有一些考驗與抉擇，對我而言，首要的抉擇便是：教書？還是教人！教書是基本的要求，老師當然要教書，至少要成爲一個教書匠！不過，隨著時代的變遷，要成爲一個夠格的教書匠，恐怕也不太容易！

在教學的專業能力上，可以努力的空間應該很大。因爲，你的教，將影響著孩子的學。孩子的基本能力當然重要，不過，有些評量科目上評量不到，但是卻影響孩子一輩子的東西，身爲老師，要花多少心力在上頭？

老師也是平常之人，人的時間精力有限，因此，你選擇在哪方面多下功夫，相對地，另一方面就會有些局限。教書或是教人當然不是絕對的，但是，身爲老師在心底必須明白，你是在教書，還是在教人。身爲一位老師，要當個明白的老師，清楚明白自己的選擇。因爲你的抉擇，關係著你將成爲什麼樣的老師，成爲什麼樣的人，而影響的，則是孩子的未來。

檯面的名師不乏其人，我不是名師，期待自己是個明師，**明白的老師**。

秋陽微風，月末星涼，霜降後有感，我寫下了這句話：「**把孩子種回來！**」

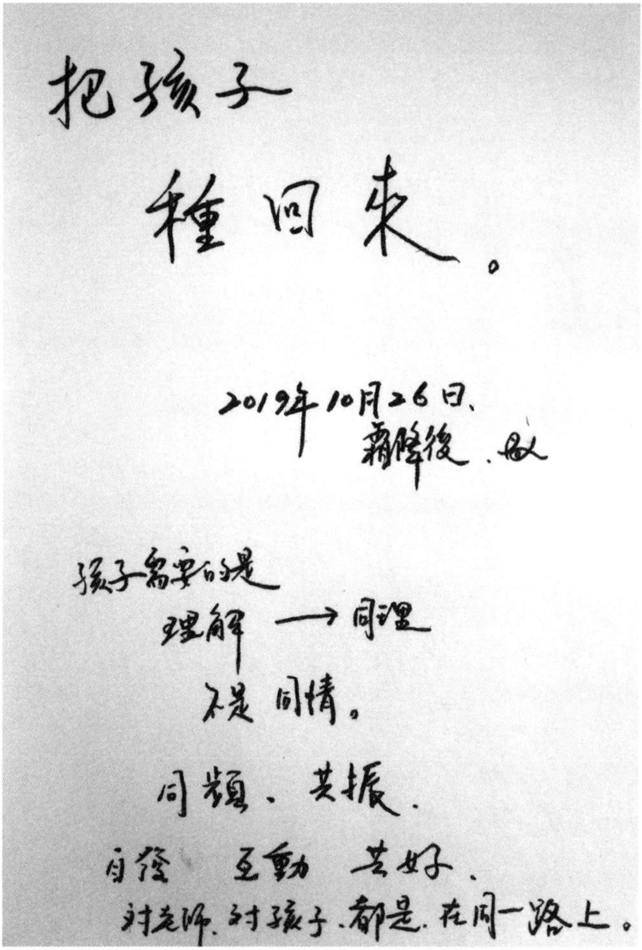
把孩子
種回來。
2019年10月26日、
霜降後
孩子需要的是
理解 → 同理
不是同情。
同頻、共振、
自發 互動 共好、
对老师、对孩子、都是、在同一路上。

一日和淑文下山接女兒回家，順道一起吃晚餐，吃到一半談起了有關學校的話題，女兒突然問我重新帶班級跟二十年前有不一樣嗎？我直覺回答：「當然不一樣！心態上很不同！」本想再多說些什麼，不過女兒沒再多問，一副只想繼續喝她的酸辣湯的模樣，我也就閉嘴，繼續吃我的晚餐了。

日有所思，夜有所夢，或許是女兒的問話，昨晚又做了有關班上孩子的夢。自從開學以來常常這樣，就跟二十多年前帶班級一樣！

今早想起昨晚女兒的問話，觸發了一些思緒。保羅．塔夫在《幫助每一個孩子成功》一書結語中提到：「幫助弱勢兒童突破困境，是個艱難而痛苦的工作。可能令人洩氣、沮喪，甚至令人憤怒。但是研究結果顯示，這個努力可以帶來無窮的改變……。」

二十年前帶班級經常有挫折、低迴、愴然與憤怒的心境，當然也有肯定、欣然、狂喜與沉潛。現在我們班有十七個孩子，加上我共十八個孩子，之前一二年級的老師形容這個班，雖然只有十七個孩子，帶起來卻像然是七十一個孩子！頗有挑戰性！

與孩子一起的日子，總有一些艱難與痛苦，二十年前是如此，現在依然有此感受！不同的是比較不會讓自己捲進彼此拉扯的泥淖中！珍惜有機會重回教育現場和孩子們一起「修煉」，在心態與心境多了一些嘗試、看懂、理解、同理，進而探尋如何幫助孩子的途徑方法，並和孩子共同享有彼此交流互動的真實考驗與提升的期盼。

大淡水良師志

把孩子種回來的過程中，一路的點滴，都在日常的生活中，一再地尋找切入點。在一次次的令人洩氣、沮喪，甚至令人憤怒，以及嘗試、看懂、理解、同理、期盼中，緩慢而實在的前行！

淡江大學在二〇一九年花了大半年時間，進我們班拍攝了《大淡水良師志紀錄片》「種孩兒」。班上有一位孩子（阿德），上課常不專心，例如看漫畫書之類的事情，老師提醒，有時他會完全不理會，更多的時候他會重重地用力將書推向抽屜，眼眶像火眼金睛似地冒出淚來，然後嘴上唸唸有詞，老師你很煩耶！並將桌椅移開、轉頭背對老師，這是四年級

《大淡水良師志紀錄片》收視連結

剛接班級的時候。

紀錄片成果發表那天，我帶著他和另一個孩子一起前往觀看，發表感言時，我也請他一起上台。片中有一段訪談，我跟阿德爸爸說：「未來阿德會是我得意的門生！」

我回來了！

二〇二〇年三月驚蟄，剛剛泡完茶，靜心打坐，心裡起了一個善念，要跟班上孩子們一起做一件幫助人的事。這時有一隻蝴蝶從外面飛進家裡客廳，繞了幾圈，飛到我身邊，就停在我身上，然後伸長牠的口器，開始吸吮著我手上的小汗珠，好像在親吻我的手。這是一個特別的經驗！

我想起了二十多年前，在水源國小宿舍，心有所感寫了一張「我回來了！」的卡片貼在牆上，當時來了一隻蝴蝶，不偏不倚地就停在「我」這個字上。剛剛起了善念之後，心中就出現「我回來了！」這個畫面，這隻蝴蝶就出現了，神奇的是牠就停在我的身上！飛

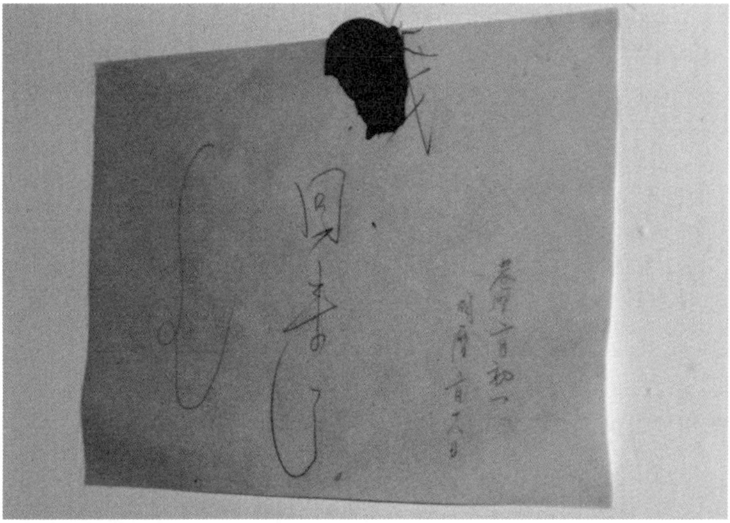

我回來了！

走之後，牠會停在家裡客廳的某個角落，等一下又會找到我，停到我身上。

心中起了善念，好像在聯結「我回來了！」

沒錯！就是「我回來了！」

校長可以不當，老爸不能不管

二〇一九年我離開教育局，當年有很多關心的師長朋友問起候用校長一事，於是我在臉書PO了這段文字：

感謝大家的關心，下面是之前淡江大學去年拍大淡水良師誌的紀錄片文稿，節錄黃子馨同學撰文。

再次感謝大家的關心，未來一切自有因緣！

守正敬謝

二〇一七年，我從原本在水源國小教導主任的位置上，進入了新北市教育局工作，並且考取了候用校長的資格。然而隔年年底，心中惦念的父親卻因腦部中風，開始在台北與台南間來回奔波照顧父母，心中因父母生病開始思考許多。二〇一九年六月候用校長仍沒有足夠缺額可分發至學校，幾番深思，教育的根源在於「孝」，決定請一年的「侍親假」回家侍奉父母。

但若請長假離開教育局，便很難有機會再分發校長一職，因此各方前輩與長官皆紛紛關心提點，希望我能夠有兩全的做法，然而當時我仍未改決心。

直到一位與我有著二十年因緣的老前輩鄭端容校長，在一次相約談話之後，便使我轉變了請「侍親假」的意念。我和鄭端容校長雖然二十年多年來只見過四次面，但卻是在二十年前聽到別人分享「少年禮」課程後，便私下跑到我的單身宿舍相談、帶給青年時期的我深刻感動的貴人。

二〇一九年暑假前夕，鄭端容校長得知我正要請侍親假離開教育局之消息後，便對我說：「守正，你可不可以給我機會，讓我聽聽你怎麼講？」相約那一晚相談甚歡，談及我決定請「侍親假」的原因，鄭端容校長說：「我支持你離開教育局。」我一聽覺得心中不禁「哇！」的一聲。這是第一個對我這麼說的人。但是鄭校長下一句說：「但是我不支持你請侍親假。如果父母知道自己的孩子考上校長，卻因爲請侍親假而幾乎放掉了自己當校長的機會，父母會做何感想？」雖然這些我並不是沒有想過，想過要如何跟父母交代，也想爲家族做一些事，仍想持續做教育的事，但因深深尊敬的端容校長給予的一番建言，讓我改變了原有的念想，說：「好！端容校長我聽你的話！」

回到水源，把自己種回來

二〇一九年暑假，我回到水源國小，再次回到自己熱愛的的教育現場，特別的是，我又再次回到了當初第一次帶班時的那間教室。就如同回到了最初的起點，展開一段新的旅途。

「**把自己種回來，也把孩子種回來。**」這是我回到水源心有所感的一句話，也是如今四年甲班牆壁上的座右銘。

我總是喜歡這麼比喻，面朝大屯山的水源國小，是教育萌芽小草的場所，大屯山如同一座巨大筆架，中間的虎頭山脈則猶如一隻毛筆，水源的操場像是一座硯台，而兩排教室便是墨條，孩子是一張張潔淨的白紙。我願能用山間淌流的水源小溪與「水源的文房四寶」，和孩子一起譜畫生命的圖，並讓一顆顆與衆不同的種籽，長出屬於自己的神采與風貌。把自己種回來，也把孩子種回來！

成爲一個人是一件幸福的事，成爲一個人生活在這個時代是一件很幸福的事。能成爲一個老師更是一件幸福的事。

我尚不足配得上「良師」！但是，我知道，我走在這條路上！期待是個「明師」，明白的老師。

對中風的人而言，前面的三個月到半年是關鍵期，爸爸從年輕放蕩到現在老年樂團團長，好不容易，終於「回來了！」如今中風，左手不能動，連手指也完全都動不了，左腳雖然稍微可以動，但是已不能站立。再度遭遇這樣的變故，他整個人就像老頑固一般，不可理喻！

我媽媽雖然不識字，卻能背誦大悲咒，一唸就是一兩個小時，我們要老爸跟媽媽一起唸大悲咒，但是，他心煩氣躁，就是不要！

我很慶幸我是個國小老師，這個時候，我就把他當特教生一樣地教。我跪在他面前一起唸大悲咒，我唸一句，他唸一句，並對他說：「就像您是樂團團長一樣，您不只要聽自己的吉他聲音，也要聽其他人的聲音！唸出去、聽進來，耳朵入腎，如此心腎相交，心神就回來了！」這次老爸終於唸進去了，我趕緊去買了音響喇叭，並上網找閩南語版本的大悲咒，而且是師父唸一句會停一下空白時間，讓爸爸可以跟著唸的版本，下載到USB，讓爸爸每天跟著唸。

除此之外，我還教老爸用艾灸，早晚各灸一個多小時，跟唸大悲咒一起排功課表給老爸！後來老爸不但可以走路、騎腳踏車，甚至還可以跟樂團一起在古蹟、國華街街頭演出呢！

深深體會，「樹欲靜而風不止，子欲養而親不待」。珍惜、感恩還有機會能盡點微薄的孝道啊，深深感念！

三、共好（感知行動）→我要到哪裡去？

修道之謂教，行知合一

看見不一樣的孩子

近年來世界各國都如火如荼地進行著教育改革的工作，希望有革命性的思考、創意、創造力，希望翻轉現在的教育現場，這樣的改革、學習刻不容緩，無庸置疑。而在此同時，因爲大環境的改變、飲食習慣的衝擊、科技產品的無所不在……等等，讓「特殊教育」的孩子逐年增加，因爲比例、數量的增加，也因爲教育的進步與細緻化，這些過去不太爲大家所關注的孩子，這些因爲「不一樣」造成教學現場諸多困擾，也需要投注較多心力的孩子，逐漸被看見。

彼此成就的一段修煉的路！

在我教職擔任多年導師及行政的經歷後，因爲深深覺得啟蒙教育的重要，決定到一年級擔任導師，卻也開啟了我和這些不一樣孩子的一段修煉之路。

班上有二十五個孩子，因爲有特殊的孩子，我經常利用時間去參加各項相關的研習活動。參加研習時，聽著其他老師分享他們的經驗，頗有共鳴。當我說班上有四位正在服藥時，相較之下，看得出他們臉上有比較釋懷的表情！一個男老師，第一次接一年級，同時又遇到這樣的情況，頗有考驗。眞不知是幸還是不幸！不過值得安慰的是開學第一天，班上第一個來抱我的就是〇金！一個輕度智能不足加上情緒障礙的孩子，表示他很喜歡老師，不過困擾還是難免。還好我教學多年，早已練就一身功夫，對於特教的孩子，我想這應該是我們彼此成就彼此的一段修煉的路吧！

○金

一、從抱著、抓著老師不放，完全無法上課到參與造詞發言、搶答。

（1）上課常會起來走動，並一直要跟老師對話，如果老師沒有及時與他對話，他會故意發出怪聲干擾上課，試圖引起老師的關切。服藥後的第二天，上課時，該生一直要跟老師對話，老師沒有及時與他對話，他會故意發出怪聲干擾上課，老師刻意改變方式沒有回應他，繼續上課，並表示下課後老師會再跟他說，但他仍繼續干擾。下課後老師過去他面前時，他就趴在桌上哭著說老師不理他，同學一一前來安慰，經老師說明、並抱一抱他後，就沒事了。之後幾次相同的情況發生時，他便沒有再哭泣的情況。

（2）上課中常常隨心情發出聲響，有時表示想畫畫或是寫別的作業，做別的事，老師告訴他「下課再做」，他常表現不高興的態度，並故意發怪聲或是耍脾氣、鬧彆扭。常自己玩弄鉛筆、尺等文具，並用膠水將衛生紙黏在一起玩，並發出怪聲干擾上課，或是轉頭去拿別人的東西，並用手碰觸隔壁女生的身體。

（3）中午吃飯時常表示肚子不餓，不想吃，但是經老師勸說後，仍會吃午餐，只是食量較少，對於玉米濃湯、紫菜湯等覺得很好吃，可以先喝二至三碗，但是飯菜則相對較不喜歡。有時中午忘了服藥，下午時間該生就比較不安穩，干擾相關上課情況並發怪聲，用手拿別人的東西，屢勸不聽。

這些情況剛開始用嚴厲的訓斥都沒用，後來我發現通常必須走到面前，很清楚明確地面對面給予清楚的指令，而且必須耐下性子，慢三拍，等待他！這一年多的相處之後，〇金從抱著、抓著老師不放，完全無法上課，到現在上課偶爾可以參與造詞發言、或是搶答，雖然困擾難免，但不討厭。

二、〇金：班上同學〇妹爸爸的電話簡訊。

〇妹爸爸在放學後傳了一封簡訊給老師：「〇妹今天被〇金打鼻子，基於一個家長的立場，我已經無法忍受一而再再而三發生同樣的事。」

老師當天打電話給〇妹家長，後來聯絡到〇妹媽媽，電話中談了一個多小時，經過溝通後，媽媽表示不好意思，當時她也告訴先生不要急著傳簡訊，造成老師的困擾。老師表示，很能理解爸爸的感受！不過事情的眞實情況可能不全然是孩子回去所轉述的情況，如果〇妹爸爸覺得還需要跟老師當面或是電話溝通，老師都很願意！也要謝謝你們告訴老師，讓我更淸楚孩子的狀況，未來還要請你們一起配合協助這些孩子，共同學習。

當天老師也打電話給〇金的爸爸和媽媽，告知相關的情況，家長表示很不好意思，願意當面道歉，如果同學有受傷的情況他們很願意付醫藥費。老師表示，其實〇金並不是眞的打，只是作勢開玩笑，平時他們互動也很好，〇金很喜歡〇妹！只是不太會拿捏肢體的動作，不過確實也碰到了〇妹的鼻子。家長表示會再告誡孩子。老師表示：開學以來雖然〇金仍有些困擾同學及上課的情形，不過表現相對穩定很多，也進步很多。期中時還得到同學的認可，獲得里長獎勵卷。老師會再跟〇妹的家長溝通，未來我們還是要一起配合協助孩子！

經過溝通解釋後，已取得〇妹家長的諒解，老師表示會再更加注意他們的互動，也請〇金家長提醒孩子，如何表達情緒與肢體動作。〇妹家長也表示會教導〇妹如何應對，避免再次的情況發生。

○成：鞋子事件

○成下課到後操場玩盪鞦韆、溜滑梯，並和別班的小朋友玩。○成把鞋子踢出去，想要踢小女生，踢了幾次都沒踢到，之後用力一踢，竟然把鞋子踢到學校圍牆外的坡坎下面。等到小朋友來告訴老師時，○成早就把另一隻鞋子、兩隻襪子脫掉，打赤腳走回教室。

我不動聲色地請○成帶我到圍牆邊，從坡坎上往下看竟然看不到鞋子，因爲下節課是英語科任的課，我請○成先去上課，我花了好一會兒功夫才在草叢中看到掉下去的鞋子。之後我走出學校後門，再繞到圍牆坡坎下草叢撿回這隻鞋子。

回到教室我心裡想著，該怎麼處理這個事情。想了一會兒，我回到圍牆邊用相機記錄了這個「鞋子事件」，回到教室就把這一隻鞋子放在黑板最上頭，等著○成下課後回到教室。

下課後○成赤腳回到教室，我請他自己想辦法把鞋子拿下來，他拿了一把椅子，用肥胖的身軀，以著平衡感不太靈光的動作，小心翼翼地把鞋子拿下來。我笑笑地請他到我身邊，幫他拍了幾張照片，問他下次還要這樣嗎？○成靦腆地搖搖頭表示不要，我就請他回去了。

上面是班上特殊孩子的一些生活點滴，我從中理出了幾點心得：

第一、基本心態：有困擾，但不討厭。因爲只要討厭，孩子很容易感受到朝夕相處的老師內心隱微的變化，特別是特殊的孩子。這樣一來，孩子將與你漸漸遠離，接下來種種的策略、方法與成效，勢必大打折扣。不只如此，在教學現場老師恐怕也會過得很痛苦。

第二、創造接納的環境。老師營造環境讓孩子接納孩子，讓孩子接納自己。通常特教的孩子總是有一顆天眞可愛的心！尤其在低年段。對老師而言：先接納特殊的孩子，創造接納的環境。對班上同學而言：學會接納，也學會如何不受影響，再者，學習如何協助特殊的孩子。對特殊孩子而言：學會不干擾別人，也學會接納自己。

第三、看見孩子，讓孩子看見自己。給出環境、給出空間，讓老師看見孩子——孩子看見自己——孩子才能展現自我，變得有自信。其實，這也是帶普通班孩子時該有的心態。

面對這些天天上演的狀況，其實最大的挑戰在於班級經營！除了這些心得之外，我在高年級的班級經營上也曾有一些做法，用以激發孩子的學習動機：

一、**下午茶**。每個月有六至七個表現較好的小朋友，可以和老師一起喝下午茶，並到老街、圖書館走走。

二、**當選學校班級「榮譽之星」**。○晟是個塊頭較高大、善良活潑的孩子，有著一顆善解人意的心。平時熱心幫助同學，在態度及情緒上進步很多，經班上推舉為榮譽之星！

三、**當選學校班級「品德之星」**。○水是個頭腦機伶、聰穎好動的孩子，在天眞多言、可愛容顏的身軀裡，有著較爲強烈的外在動能，但是相對地，也對周遭事務多所關心。雖然以前上課常有分心的狀況，但是，最近不但不專注的情況改善很多，而且，常有主動關心同學、協助班上事務的舉動。這樣的進步深深得到全班同學的認可，值得大家學習！

四、**校慶園遊會義賣孩子作品**。將全班每個孩子（包括特教生）平時的作品展示義賣，建立孩子信心。

五、**鼓勵參加「新北市四水生態攝影比賽」**。導師平時發現○金有藝術方面的天分，很喜歡塗鴉，因此在IEP會議時與特教巡迴老師及家長討論，建議協助該生在攝影、繪畫藝術方面的接觸，導師並辦理全班的「紅樹林親子攝影活動」，協助參加「新北市四水生態攝影比賽」。

六、藝術天分的特教生（CD封面）。當我們出版自己的專輯CD時，我特意讓班上輕度智能障礙的〇霖用毛筆寫CD封面，藉此建立了他在班上的位置與同學的互動。也讓班上小朋友每個人親自組裝CD，並在封面上簽上自己的名字，完成後〇霖送了一片親手製作的CD給特教巡迴老師，並帶點靦腆的口氣說：「老師，這片CD送給你，封面是我寫的！」

當孩子被看見，孩子會看見自己，孩子在此建立自信！老師們要做的是經營出一個個可能的平台，讓各種才能的孩子有機會被看見，給出空間，讓對的人在對的位置。尤其是那些不一樣的孩子需要更多的關注與用心！十年、二十年、三十年後，當這些孩子回想起來，真正留在他們心裡的到底是什麼？我們現在就要給他！或許重要的不是語文、數學，而是評量上看不見的！希望能在孩子的心中，埋下一顆待發芽的種籽。

每一刻都是不可思議又平凡的存在

二〇一九年的大年初六，挑了一塊家裡老房子崩落的瓦片，用毛筆寫下近日所感。不一樣的春聯，祝福大家來年共譜和諧的樂音。

能夠成為一個人，是一件難得的事。
每個人的存在、每個人的相遇、每件事的發生，
都是不可思議卻又那麼平凡的存在。

教育要共鳴，要能夠聽得見彼此的頻率，具有同理心，不管是品德教育、品格教育、人格教育，無非教人要有人品，「人品」：人用三張嘴巴說話，簡單講就是人說話，「人言爲信」。

言者，古代樂器。《爾雅．釋樂》大簫謂之言。心念一起，便是波動、能量，也就

每一刻
都是
不可思議
又
平凡的存在。
二〇一九己亥春淡水

是音樂。要想與人產生共鳴就要調成一樣的頻率，如此才能產生共振、共鳴。

人言爲信，說了就算數！說話算話！要講信用。教育要從平常入手，起「信」後，先教育自己。

對人有原則，對己有信念。對外與他人產生共鳴，叫做信「用」。對內與自己產生共鳴，叫做信「念」，也就是同理心。無緣大慈，同體大悲。

珍惜感恩每一刻、每個相遇的人、事、物。

輯四

四主軸（自然。土地。自己。人群）

一、人與大自然↓自然、生命

四時節令，發乎自然的禮，教自然生命的感動

未來教育，其大無窮、其小無內

我們常講要「回歸自然！」自然在哪裡？不只在地球的生態環境，更在浩瀚的宇宙；不只要有國際觀、世界觀，更要有宇宙觀。往外可以極大、往內可以極精微。自然者其間必然有一些脈絡、紋理可循。

老子說：「人法地、地法天、天法道、道法自然。」就從腳底下的這片土地開始！地球的脈絡、紋理叫「地理」；天的脈絡、紋理叫「天理」；人常說要講「道理」，這些都

是「自然之理」。

從「人理」「地理」「天理」「道理」「自然之理」，原來我們所追求的「自然」，中間尚有這幾個過程。

文化：人文化成——從「天文」到「人文」

什麼是文化？

「文」者，紋也。「亠」：頭、亙古的源頭、一體的源頭；「乂」：紋理、五也，五行、時空的大生命體。《說文解字》解釋「五」：「從二，陰陽在天地間交午。」也就是說，「乂」是陰陽的變化，就是「五」，順著紋裡去追溯亙古以來的那個大生命體。

「化」者，正反之人。「亻」：《說文解字》天地之性最貴者也；「匕」：《宋本廣韻》變也，從「到人」。倒立之人。

老子說：「反者道之動。」天地之性最貴者的「**人**」，以著陰陽想反（返）的型態，所謂孤陰不生、獨陽不長；陰陽互跟；陽極生陰、陰極生陽（物極必反），有變、有化，才能夠「人文化成」、才能回到天道、才能從「反常」到「返常」——**返回常道**。

原來，天的紋理叫「天文」、「天理」；地球的紋理叫「地文」、「地理」；人的紋理叫「人文」、「人理」。依循著自然之道運行，依此，要講「人文」，就必須從「天文」到「人文」。未來教育，其大在此。

希望孩子們，也希望我們自己能夠從生活的感動經驗進入教育的世界，最後回到自己的生活。從「生活」到「生機」；從「吃的有機」到「活的有機」，不只要有自信，而且要學習過著有感、有機、幸福、喜悅的生活。做一個完整的人，成爲一個有機生命的人。

大地立春。聽天籟之聲。你聽到了嗎？

一切都是音律震動。

我是大一新生。立春。鄉間小徑當路標。

我是大一新生。

立春。鄉間小徑當路標。

立：人展開雙臂，站在大地之上。就是大一。

立春這一天，春生。

我是大一。新。生。

立春之日，晨起坐於庭前，念書有感，在筆記本記下心得，不覺就到了中午。望著庭前荒蕪已久的花圃，是該種菜了。有陽光的午後，和淑文一起除草、整地、種菜（其實，前兩項好康的工作都是我做的）。

立春之日，舒展筋骨，接地氣，聽天籟，眞好！

立：人展開雙臂，立於地，接地之氣。順應節氣。《說文解字》立：住也。从大立一之上。就是大一。大，人也。一，地也。律地切。律者，率也（圓周率的率）、音律也，六律（率）也；地者，地支也。立者：律，地之支（地支：子丑寅卯辰巳午未申酉戌亥）。

天：人開展雙臂，感於天，應天之時。感應通天。《說文解字》天：顚也。至高無上，从一、大。就是一大。人爲一小天，天爲一大人。

同弦切。同者，呂也、通也，音律之六呂（同）也；弦者，玄也、咸也。天者：呂，天之干（天干：甲乙丙丁戊己庚辛壬癸），就是立竿測影。

《老子》說：「人法地、地法天、天法道、道法自然。」

《黃帝內經．寶命全形論》說：「夫人生於地，懸命於天，天地合氣，命之曰人。人能應四時者，天地爲之父母。」

《易．說卦傳》說：「立天之道，曰陰與陽。立地之道，曰柔與剛。立人之道曰仁與義。」

「立天」，就是「一大一」。

大人立於地，接地之氣；頂天立地，感天地、應於人；「立天」，就是律呂，就是音聲，就是天地的音樂，就是天之籟，地之籟。「立天」之道，就是感音、應聲，順四時節氣，成地天、自然之道。

因此，《黃帝內經．四氣調神大論》說：「春三月，此謂發陳。天地俱生，萬物以榮，夜臥早起，廣步於庭……，此春氣之應，養生之道也。……。夏三月，此謂蕃秀，天地氣交，萬物華實，夜臥早起，無厭於日，使志無怒，使華英成秀，使氣得泄，若所愛在外，此夏氣之應養長之道也。」

無論立春、立夏、立秋、立冬，都是「立天」，都要感天應地，順四時節氣。

一切都是音律震動。你聽到了嗎？

夜臥早起，睡覺去。

大地立夏。唱水源之歌。你聽到了嗎？

一切也都是音律震動。

立：人展開雙臂，立於地，接地之氣。順應節氣。

夏：《說文解字》中國之人也。从夊从頁从臼。臼，兩手；夊，兩足也。《說文解字注》（夏）中國之人也。以別於北方狄，東北貉，南方蠻閩，西方羌，西南焦僥，東方夷也。夏，引伸之義爲大也。

立夏：人展開雙臂，立於地，接地之氣，順應節氣。成爲中國之人，成爲華夏之大人。大人者不失赤子之心！赤爲南方之火，五藏之心也！面南而觀心之音也！

今年立夏，也是水源國小校慶，受邀回去唱校歌。

一九九七年暑假，開學前，來了一個颱風。颱風夜，我在水源的單身宿舍寫了這首〈水源的孩子〉。隔年學校八十週年校慶，這首歌成了我們的校歌。

校慶當天升校旗時，我背著吉他和大家一起唱live版的校歌；九十週年校慶升校旗唱校歌時，我同樣背著吉他吹口琴唱live版的校歌；一百週年校慶時，我同樣彈吉他、吹口琴，六年級的孩子打鼓、吹直笛、口風琴等節奏樂器，另有同事黃健書彈電吉他，全校一起唱我們的校歌。二〇二三年，在水源國小一百零五週年校慶這天，升校旗唱校歌時，我同樣背著吉他吹口琴，唱live版的校歌：

我是個快樂的孩子也　生長在淡水的大屯山邊
四周有青山和綠水片片　還有著藍天和美麗校園
我是個天真的孩子也　走在山路的田野之間
風中有我們的歌聲綿綿　串起了心中的回憶點點

我們是水源的孩子也　快樂的在這裡上學讀書
有筆墨有紙硯也有山泉　還有著大樹和老鷹白鷺
我們是勇敢的孩子也　生長在淡水的大屯山邊
有一天我們會回到水源　耕耘出一片美好的家園
啦……………………啦………………………
有一天我們會回到水源　耕耘出一片美好的家園

大地立夏。一切也都是音律震動。你聽到了嗎？

從學校到社區，再從社區到學校

一個邀約，豐富我的生活

建安國小的陳木城校長，讓我走進環境教育的世界。

二〇〇六年陳木城校長退休前，和陳玄謀校長一起找我到建安國小擔任主任，這是一個有螢火蟲的學校。當年配合臺北縣螢火蟲祭活動，推動具有教育意義的生態活動，藉由辦理「臺北縣螢火蟲生態家族」小解說員研習營，提升各校生態環保的觀念，增加各校師生螢火蟲生態保育的相關知識。

與台北縣副縣長一起下鹿母潭溪進行淨溪活動（上）；世界地球日，共同發表護溪宣言（下）。

當時辦理了特色遊學活動課程、螢火蟲復育室、夜間賞螢活動生態觀察；溪流課程、溯溪安全教育、溪流生態解說導覽、溯溪體驗活動；水生池生態教學、青蛙生態導覽解說、蝴蝶生態教育，蝴蝶網室導覽，昆蟲飼育實作等等活動課程。

一份堅持，實踐共同的理想

有機農場的簡連生，讓我走上實踐教育理想的路。先聽個故事：

〈演戲埔的草地狀元：簡連生先生〉◎美月

簡連生，健談、說話直接、聲音大是他的特色，之前爲了採訪他，我每天吃著他種的有機蔬菜培養感情，和杜老師、瑞美、元椿去訪問他的那天天空飄著毛毛雨，回家的路上心裡一直不能平靜，因爲被他的堅持、努力感動了！

一個平凡的農家子弟，念小學的時候，每天放學回家就要下田耕種。十二歲那年他失去了父親，他的父親因為長期使用農藥DDT粉而得了鼻咽癌過世了，臨終前父親交代田不能荒廢，你要幫你母親耕作。原本家裡養了一頭牛，他想：牛要一直養，機器只要定期保養就行了，於是他把那頭牛賣了八千元，然後買了一部機器耕作，在他小的時候就已經會精打細算了。

與這塊土地有緣，一九九〇年左右開始對有機蔬菜產生興趣，邊做沙發邊種菜，只送給鄰居、朋友吃，從資本三十萬做起，自己接水管，利用水源橋天然的泉水，他以最低的成本來做，心想：如果虧了也不會虧太多，邊做邊請教別人，無耐一股衝勁，卻被「菜蟲」打敗了，沒有用藥，菜似乎無法生長，菜蟲抓不完。很多農人為了賺錢，往往是今天灑藥明天賣，這似乎違背他的理念，當他遇到瓶頸的時候，他便不斷地上課、進修、研究，研究過程好比讀書找問題。他說菜如果生病了，經常睡不著，好比自己的小孩感冒發燒了，他要找醫生幫他治療，在台北縣農會多次做農藥檢驗抽樣檢查，他種的是「全有機蔬菜」。

他前後花了五年時間種植有機蔬菜，目前室內栽培約四百坪，室外栽培約八百坪，曾經他做了最壞的打算，如果菜種得太多而滯銷，他會把菜捐給弱勢團體、孤兒院，或者佛教團體，寧可這樣也不要浪費，他的菜只賣給有緣的消費者（結緣），能吃到他種的菜是一種幸福。

他語重心長地說，現代人的一些文明病，都是不適當使用農藥所造成的，他利用自己做的堆肥（廚餘、牛豬糞、稻草）來種菜，他一直提倡有機蔬菜大家種，他不吝嗇教，他非常希望有人願意加入有機蔬菜種植行列，對廚餘有興趣的也可以指導。他說學力要夠，不是學歷要夠，他之所以會成功，就是因爲他的堅持。

我常說他是農業博士，他靦腆地說是博「土」不是博士啦！

爽朗、健談、風趣的簡先生，有一份農村子弟的氣度，對於這塊土地有一份用心，對於他所耕種的菜有一份執著，對於吃他的菜的人有一份珍惜。

在這樣的時代，依著節令能夠吃到這樣的菜，不只是一種福氣，而是一種人與人、人與土地的對待。

他後來以有機蔬菜榮獲了二〇〇五年神農獎的殊榮。

參與「農村再生」，是一個「甦。醒。感。動」的歷程

故事是這樣開始的。神農獎得主簡連生於二〇一〇年找上了我，我們兩人研討推動之可能性，隨後拜訪社區里長蔣耿南、社區發展協會理事長李萬得與總幹事張文陞，於民國一百年九月開始農村再生培根課程，一〇一年十二月十六日結業，同年提出農村再生計畫草案。

自從社區加入培根課程之後，協會訂定培根上課學員至少每月一次舉行會議，檢討社區農村再生計畫推展狀況，並不定期召開農村再生說明會與提案討論，決議未來實施工作內容與優先實施順序，也陸續拜訪其他尚未接受培根課程之居民，宣導農村再生計畫之精神，更成立了七人工作小組：李萬成、林俊德、李鎭榮、連木坤、吳季樹、呂寶華、杜守正，凝聚大家共識，影響更多居民積極投入。

希望逐步達成我們的願景：幸福中田寮——親水。生機。古厝群。

因爲感動，所以投入。從自己到社區內、社區外的人共同投入。因爲投入，所以出現契機。

農村再生培根計畫，從自己到社區內、社區外的人共同投入。

李貴周的小故事

李貴周是一個中年男子，平時是一個公車司機，假日則在淡水漁人碼頭開渡輪。他從小生長在忠寮社區，長大後多半時間都在淡水鎮上，一直到有了自己的孩子，偶爾有空便會帶著妻子和孩子回老家走走。每次回到農村山上，憧憬著看到過去兒時美麗又擁有快樂回憶的地方，但是，當年美好的景象如今早已不復存在，心中不免感觸良多。

這樣一個中年男子，回到故鄉的惆悵，在台灣的各地農村本也是到處可見。不過，李貴周除了對故鄉公司田溪、社區的改變失望、對下一代孩子憂心，更多了一份對故鄉的關愛與理想。因此，他心中總是念念不忘應該將社區的公司田溪做怎樣的規劃整理，但是卻不知跟誰訴說，每次告訴別人，總是讓人覺得他陳義過高、太過理想化！就這樣，這個有志難伸、苦悶的中年男子就常常輾轉難眠、半夜睡不著覺。

直到有一天，李貴周聽說我和北新有機農場的簡連生好像在進行一個整治公司田溪的計畫。他欣喜若狂！透過關係他找到了我，在我家促膝長談，說出了他多年來希望整治公

利用休假日親自參與社區的綠美化的李貴周。

司田溪，讓它變成生態親水的公園等等想法，並希望我把這樣的想法寫進計畫中。我聽了很感動，告訴他社區也即將進行這樣的計畫，他聽了也很高興，多年來訴說無門的理想終於可以在社區實現了，他終於可以不用再輾轉難眠、半夜睡不著覺了。

不過我也告訴他：「李先生，你誤會了！不是我要寫計畫！我是因爲簡連生、里長蔣耿南和理事長李萬得找我幫忙，我覺得這是一件值得做的事，所以才一起參與！我只是來做小弟幫忙的！更重要的是—這個計畫不是我要寫！而是大家一起來上課，共同討論未來我們這個社區要做什麼，我再彙整大家討論的意見，並不是我寫！你這麼有心，未來應該來參加社區的『農村再生計畫』上課。」

從此，這個中年男子李貴周，就這樣開始參與我們社區的「農村再生計畫」課程，成爲社區一位重要的成員。

教育不只在學校、更在社區！生態環境教育不只在動植物、自然環境，也不只在學校，更在日常生活中。從個人到社區的眞實生活裡，順應自然，隨著自然節奏、節氣好好過日子！這些誰最清楚？來自土地的在地居民最了解。因此，要向社區的「人」學習。

農村要再生，社區要再生，「人」更需要再生！

教育不是你想帶給孩子什麼，而是你想帶給自己什麼！不要用冠冕堂皇的句子說一切都是爲了孩子。我想，還是先想想自己、回到自己。你，要過什麼日子！你，要成爲什麼樣的人？然後，然後就眞去做、很認眞地做、很篤定地去做，很溫和地……教育就在裡頭。

好好過日子！眞實生活過得好，才能眞正懂得尊重。回到自己，尊重自己，也尊重自然環境，給人幸福就是一種幸福！

我們希望讓住在這裡的居民覺得是幸福的，也讓來到這邊的人覺得是幸福的。

教育本來就是一件幸福的事。

二、人與土地↓根、鄉土、歷史

土地的味道，故鄉心靈地圖，回家的路，文化的DNA

過一個有人味的年

從一個寫春聯的小故事談起。

記得有一年在除夕前跟媽媽說：「今年的春聯我要自己寫！」

她直截地說：「不用啦！我已經在市場買了印刷得亮晶晶、漂漂亮亮的春聯了。」

我說：「不管啦！今年我們要自己寫！」

媽媽回答說：「你這個孩子真是『有夠番』（閩南語，意思是不可理喻）！」

當年已經是小學老師的我，帶點撒嬌的口吻回答：「好啦！沒關係啦！」就這樣，我買了寫春聯的紙張用具，在家門口擺上桌子寫了起來。

我們的藝術教育是「教會孩子學會如何永遠不會再畫畫」

我邀請哥哥一起寫，他回答：「我已經幾百年沒寫毛筆了，不要叫我寫啦！」後來哥哥拗不過我，寫了他自己房間的對聯。當天淑文姊姊的兒子來家裡，當年讀幼兒園的他從未寫過毛筆。

我問他要不要寫春聯，他馬上興高采烈地說：「好！」

這時他媽媽趕緊說：「不要啦！他連寫字都不會呢。」

我說：「沒關係！讓他玩玩吧！」因為他不會寫，我寫了「春」字給他臨摹，只見他二話不說，拿起毛筆三兩下就寫好了，不過三橫的「春」字，他寫了四橫！接著我問他要不要寫「福」字？他又馬上說：「好！」這時他媽媽緊張地說：「不要啦！他連簡單的『春』

字都不會，更何況是『福』字呢！」

我還是說：「沒關係！讓他玩玩啦！」只見他迅速拿起毛筆作勢要寫，接著回頭告訴我，他不會寫！我寫了「福」字給他臨摹，他二話不說，拿起毛筆三兩下又寫好了，這次，「福」字倒是寫對了！與其說是寫對，倒不如說是畫對了。

我交代他回家後要記得貼喔！回家後他先拿了「福」字給阿公貼在門口，而且還要倒過來貼，表示「福」到。接著他又高高興興地拿了「春」字要給阿公貼，阿公說：「這張不能貼！」為什麼呢？因為「春」三畫寫成了四畫！

當天下午，我哥哥的同學熊熊到家裡來，我同樣邀請他一起寫，他的回答跟我哥哥一樣：「我已經幾百年沒寫毛筆了，不要叫我寫啦！」後來拗不過我說：「好啦！好啦！我寫！」但是他要我先拿一疊報紙給他，原來他要先練習半小時後再寫。相較於躍躍欲試、興高采烈的幼兒園孩子，我哥哥和他同學熊熊的反應，我有很深的感慨：我們的藝術教育是「教會孩子學會如何永遠不會再畫畫！學會如何永遠不會再寫書法！」

沒上過學的媽媽第一次寫春聯

我媽媽是個鄉下的農村婦人，沒上過學。她在我上大學四年級時，才利用晚上時間到村莊的廟裡開始學注音符號。當年在家寫春聯時，我也邀請媽媽一起寫。她說不會寫！不過最後在我的慫恿下寫了幾張春聯，廚房的冰箱貼上她的「年年有魚」、米甕上貼著「滿」。

我家大門的春聯是用玻璃鑲嵌的，光鮮亮麗、永不褪色。後來我用我寫的春聯貼上。媽媽唸了我一番，不過倒也有趣，隔了幾天親朋好友到家裡來拜年，看到春聯都讚不絕口說好漂亮！這時媽媽就帶著他們到廚房介紹說：「這張是我寫的！那張是我寫的！」得意之情溢於言表。這是我媽媽第一次寫春聯。

在這麼多年的教學生涯中，我常發現孩子會問：「老師，要畫什麼？」或是直截地說：「我不會畫！」而且，愈高年級愈是如此。在一些演講研習的場合中，我也常問老師們：「目前還有在畫畫或是寫書法的請舉手！」通常都是寥寥可數！這些和我同樣是老師，在學生時代也大部分是中上程度的人，爲什麼也有著相同的情況？每個人都會畫畫、玩墨，爲什

台南老家春聯：光鮮亮麗（上）與塗鴉春聯（下）。

麼長大後不敢畫、不敢寫呢？因爲覺得自己畫得不好看？其實，最重要的是「沒自信！」不是每個人都要當藝術家！就寫春聯而言，我們尊重欣賞寫得一手好字的書法大師。但是，不見得每個人都要當書法家！我們可以用創意的方式玩墨寫春聯，除了毛筆之外，也可以用粉蠟筆加上顏色。寫得好看不好看是一回事，一種參與的氛圍更重要。

鄉賢仕紳告老還鄉走春的故事

古代鄉賢仕紳告老還鄉，在大年初一總會到村裡走訪，如果看到哪戶人家春聯寫得不錯，進去就會發紅包，甚至覺得哪位年輕人寫出了一年來的志氣，日後就提拔他，將其背後的經驗、資源傳承給後輩。年輕人受到這樣的鼓勵，或許就影響他一輩子。

我們想把這樣的感動帶入社區。希望有一天，當你走入這個社區，發現幾乎每一戶人家都貼自己寫的春聯，並且能從春聯的句子、圖像，看見在地居民的創造力，這就是文化，是從每個人的生命長出來的。這樣的氛圍迷人吧！當然背後必然也蘊涵了相當的凝聚力，孩子們、學校、社區，便也在水源這片天地裡，一路風行、一路走。

因此，每年過年前，我們就在社區舉辦寫春聯的活動，從春聯談起，春聯寫起，到春聯走起。

活動一：從春聯談起。從生活的感動經驗談起，談創意的春聯，談我這幾年在水源和孩子們、家長寫春聯的想法。

活動二：從春聯寫起。從自己動手寫春聯開始，不分男女老少，大家一起來寫春聯，破除不會寫的迷思，找回遺忘許久的自信。

活動三：從春聯走起。從走春開始、從水源、社區開始風行，農曆大年初一大家一起走春！送紅包！

在這樣的時代，過年過節的氣氛愈來愈淡了！我剛教書的幾年，從台灣北邊的淡水，回南部的台南老家過年，感受特別深。我們希望藉大家一起共同參與，每個人都寫春聯，不怕不會寫，只怕不敢寫，不在寫得好看不好看，而在親身玩墨的趣味，不一定要寫字，也可以畫圖像，發揮創意、貼近生活。

回家後就貼自己寫的春聯，大年初一就邀約里長伯一起去走春，只要春聯是自己寫的，就送一個紅包做爲鼓勵。紅包裡有三樣東西：「錢幣、糖果、核桃」。圓圓的錢幣用紅紙包著，代表圓滿如意；甜甜的糖果吃了滿心歡喜；生的核桃則代表生機。收到紅包的孩子，總是想盡辦法才能把帶殼的核桃撥開，有的用摔的，有的用石頭敲，生命要透過努力，還要有竅門，才看得到裡面的內涵。

傳說「年」是一種可怕的獨角怪獸，「過年」時貼春聯、放鞭炮是爲了把年獸趕跑。五歲的兒子問我：「可怕的年獸還在嗎？」我笑著說：「有形的，看得見的年獸不見了。但是，無形的，看不見的年獸卻在人的心裡。」因此，過年前，我們總會陪伴孩子，一起大掃除、寫春聯、謝天敬神拜土地公，把心裡的年獸趕跑。

年終大掃除前，我畫了一張家裡的平面圖，一家四口每個人一種顏色，記錄每個人和生活空間的關係，然後畫出每個人在家裡的動線圖。經過一段時日，我們會共同檢討家裡最常用的空間在哪裡？哪一個空間需要移除、需要改變？還把家裡的器具分門別類、各就各位，就像每個人要先擺對自己的位置，才能眞正活出自己。

除了打掃生活的空間，我和孩子會圍坐一個圈圈，眞誠地檢視自己的心靈空間。兩個孩子最期待寫春聯，我買了一疊春聯紅紙，全家用毛筆，用自己的語言寫春聯。房間寫「睡得好」，廚房寫「吃得飽」，冰箱寫「適當」，廁所寫「出入」，意思是「有進有出，吃什麼拉什麼」。也象徵進「入」心裡的思維是什麼，外在的行爲就會顯現「出」來。

大門門口的對聯是「有妻有兒有書茶，養天養地養自然」；橫批是「回到自己，生人一叩」。寫春聯，對我們家而言，是寫出自己對生命的提醒，用去年的心得，過今年的日子。有時候我們還會用蠟筆輔助塗鴉，先用毛筆畫一顆種籽，再用蠟筆畫出幾片綠葉，有一種春天卽將來臨，冒出芽來的新意。

年齡的增長，不需要經過努力；生命的成長，卻要靠個人的修爲。大掃除、寫春聯、發紅包、謝天敬神，是爲了迎接有情有人味的一年，同時也在幫助自己，提醒自己趕走心裡的年獸，跨越過去一年生命中的障礙，眞正活出自己。

這一年門口的對聯是「天寬地闊演戲埔，晴耕雨讀桂花樹」；橫批是「中田寮有機生活」。吃得有機、住得有機、更要活得有機。

廁所春聯：三歲的兒子（左）與杜老師（右）。大人遠遠不及小孩啊！

帶孩子走入社區農村厝的世界

建築代表了地方的色彩，也傳達了時代的脈絡訊息。傳統的屋舍農莊更記錄了當時的生活景況，也給人一種對鄉土情懷的嚮往。人與土地的相處中，始終都有一種日積月累的情愫在流動。因此，我在思考教育的途程上該帶給孩子們什麼時，自然也就把它放進教學之中。

多年前行動美術館的教學活動，關於「尋訪台灣老屋」的單元剛好跟這樣的想法契合，所以，我就帶孩子們到校園社區附近的老厝走一走，去畫畫、拍照、喫茶還有玩耍。除了讓孩子對這些古厝有回憶之外，也在孩子心中留下一些鄉土的心靈地圖。這份鄉土的心靈地圖，我覺得就是鄉土教育的情意培養。

從學校出發到我們要去的古厝途中，會經過一些小朋友的家，孩子們自然會很興奮，途中發生的一些有趣的事，也自然會引起孩子們的騷動。我們一邊走也一邊記錄，到達了忠寮李宅或是瓦磘坑時，就讓孩子們去畫畫、去拍照，當然還有玩耍。孩子們在這樣的空間中去活動，自然對這塊土地就有感覺。至於，這棟古厝是什麼時候建的？建築名稱是什麼？這些知識性的東西，就暫時不去填塞給孩子們。因爲我相信，孩子們奔跑於這山間田埂上的歡笑，會牽引著他們走出一條條的心靈足跡，匯集成時空的心靈地圖。

有了這樣的前提，課程設計就以情意的部分爲先，當然也有認知與技能的部分。其中認知的部分就以蘇振明教授所編的《農村厝手冊導賞》爲主，加上實地參訪忠寮李宅及瓦磘坑的踏察經驗，讓孩子們了解台灣早期農村屋舍就地取材的智慧及創意。從竹子、石頭、珊瑚石、土埆厝，到後來的紅瓦厝等等不同的屋舍建築有大致的了解。

技能的部分則是讓孩子們實地踏察時自己拍一些照片，以他們的角度去拍攝記錄。這些照片在教學時也放映給大家看，因爲是他們自己所拍的，所以上課時他們很專注，當播放出孩子自己拍攝的影像時，可以看出他們得意與親切的表情，因此，也就多了一層興致與意涵。

除了這些之外，孩子們最感興趣的還是蓋「土埆厝」，我們就地取材，用紅土壓成小土磚當牆面、陶土加水當水泥、芒草稈做屋頂，分組集體創作，合作蓋一棟農村厝。

以下是整個教學的活動計畫。稍做說明的是：第一節課的唱歌錄音，小朋友們事先並不知情，等到第二節課時，才播放給小朋友聽，一方面給他們一點驚喜，也提醒孩子們可以用錄音的方式記錄生活。

〈甜水井〉詞曲：卓世祥

孩子們小小的眼中
是一口不知擔憂的甜水井
在井裡面　沒有繁華只有神話
有作不完的夢　燦爛的星空
還有小雨滴和太陽繪成的虹
就是甜甜的井

單元名稱	尋訪台灣老屋——認識逐漸消失的農村厝
教學目標	1. 透過導賞手冊及實地參訪，了解台灣古老農村厝的建築形式、風貌和功能。 2. 由名畫賞析及農村厝踏察的經驗，培養孩子對土地與歷史的情感。 3. 應用攝影及繪畫的形式記錄並分組設計完成農村厝。
教學資源	教師提供：紅土、陶土、幻燈機、吉他、錄音機 學生自備：火柴盒、芒草、剪刀、小水桶、小碗、報紙
教學內容	
第一節	1. 現場錄音唱歌記錄（甜水井、水源風光） 2. 透過孩子們自己拍的幻燈片，介紹水源附近的古厝。（瓦磘坑、忠寮李宅、杜老師的台南老家） 3. 選幾張小朋友踏察時的繪畫作品，請他談一談。
第二節	1. 農村厝手冊導賞 (1) 蓋房子的智慧你知道多少？ (2) 跟著畫家的眼睛欣賞台灣厝。 (3) 用相機和畫筆記錄我家。 2. 參觀原作 (1) 畫家蘇振明筆下的台灣厝。 (2) 樸素阿婆畫家的農村生活經驗。
第三節	1. 用集體創作的方式，每 4~6 人一組共同蓋一棟農村厝。 2. 二人以火柴盒當模子，把紅土做成小土磚。 3. 二人用小土磚及陶土泥蓋房子。 4. 二人用芒草稈進行屋舍庭院、花草之布置。
備註	1. 淡水水源社區的農村厝主要以觀音石蓋的石頭屋為主，附近的忠寮李宅為武舉人古厝，適合配合參訪。 2. 於課前課後帶孩子實地參訪、拍照、畫畫。 3. 紅土及芒草桿是就地取材，就在學校附近。

這樣的教學活動，除了在學校帶孩子共同完成迷你的土埆厝之外，我也將課程帶到社區。從社區有機生活小學堂的討論中，共同決定要蓋一棟眞正的土埆厝！於是邀集了一些社區的耆老們，帶著大家一起依照傳統的工序方法，逐步地完成社區的土埆厝。當大人們蓋眞正的土埆厝時，我也帶著現在的孩子蓋迷你的土埆厝，將課程從學校帶到社區，再從社區帶回學校。

整個教學活動結束後，我覺得人與土地之間確實有一份情愫在，你可以從孩子們玩泥巴的神態中感受到！而鄉土教育只要掌握了基本的精神，在每個地方都會開展出屬於那個地方的氣息。

凡走過必留下足跡，足跡裡就會有情感，當然你也在其中。

小朋友用在地紅土做小土磚，開心玩泥巴。在地方耆老指導、社區年輕人共同參與下，蓋一棟真正的土埆厝。

唱出自己的歌，譜成生命之曲

「歌」是看不見的人的心，也是看得見的人的心

知名音樂人黃舒駿早期有一首歌叫做〈窗〉，歌詞很簡短，卻很有感覺：

窗在你的心靈邊緣　窗在你的視線後面
你打開那一扇窗　就會看到那樣的風景
你愛上那一個人　就會有著那樣的命運

我很喜歡這首歌曲，經常在夜深人靜時，一個人獨自在學校的宿舍，一聽再聽。除了對歌詞及旋律深受感動之外，對於歌之後的「獨白」更有感覺。黃舒駿寫到二十一歲的他搭國光號回家，決定告訴爸爸他要踏入歌壇，並且做好了準備。爸爸聽完他的告白，突然微笑著對他問了一句：「決定了嗎？」

黃舒駿先愣了一下，然後說：「我決定了！」

黃舒駿的爸爸聽了就說：「那就去做吧！」說完，他輕輕地起身，慢慢地走上二樓。

黃舒駿一個人在客廳坐了一夜，直到窗外漸漸地亮了起來。

我在課堂上也會和孩子們分享這樣的歌曲，配合「寫字作畫課」放音樂、點檀香，讓孩子們閉上眼睛，靜靜地聆聽、感受。之後我會彈吉他，和孩子們一起唱這首歌。後來有一陣子這樣的對話就在孩子和我們的生活中經常出現：「決定了嗎？」「我決定了！」「那就去做吧！」

在那有時開玩笑、有時認真的時刻，從孩子的神情中，我有了一種幸福的感覺，而在夜深人靜的學校宿舍一聽再聽時，眼眶會在不知覺中泛著淚光，沉浸在喜悅的幸福感之中。

「歌」雖然看不見，卻聽得到、感受得到。像是看不見的人的心，也是看得見的人的心。

「對得起每一張紙」的發酵——水源的畢業歌

約法三章時，有孩子問我：「什麼叫『對得起每一張紙』？」我站在講台上很認眞地回答：「就是『對得起每一張紙』！」瞬間我和孩子之間，似乎有了一種了解的眼神交流，不需再多做解釋！

我的寫字作畫課通常是二至三節課，在禁語不說話，有音樂、有檀香的氛圍中，大家盡情地寫詩、塗鴉畫畫。其中有個孩子——俊宏，一直都沒動筆，其他孩子則是畫好、寫好後再到前面自己拿紙張，一張接著一張。

最後課程結束下課後，俊宏整張宣紙完全空白，沒有畫畫塗鴉、寫字。整整三節課耶！如果你是老師，你會如何處置？痛罵一頓嗎？我記得當時問他：「爲什麼都不畫？」他回答我：「因爲不知道要畫什麼？老師說：要對得起每一張紙，所以我就沒寫了！」其實在課堂上我觀察他很久，知道他腦袋裡有在動、有在思考，不是故意要空白的，所以我收下了他空白的宣紙。

後來這個交白卷的俊宏和另一位同學正儒，在畢業前一個月寫了〈水源的畢業歌〉，我幫他們譜了曲子，那年我們畢業時就唱我們自己的畢業歌，之後幾屆的學弟妹們畢業時，也唱這首：

〈水源的畢業歌〉

在這畢業之時　我離開了水源
六年美好的回憶　一一浮現在眼前
若欲再見一面　不知要等到何年
是否可以再次　團圓在熟悉的校園
忍著眼淚悲傷　還有離別的心酸
說聲珍重再見　我的老師和水源
我的好友和水源

如果當時我看不出俊宏的空白背後其實是有思考、有內容的，甚至痛罵處罰他，之後〈水源的畢業歌〉也就不可能出現。

這個事情讓我體會到：**教育需要等待**，但不是空等！而且和《易經》有關。

易經中有個蒙卦，幼稚不懂事，昏昧無知。蒙爲「啟蒙」的蒙，表示天地初開之後的蒙昧狀態，在人則比喻小孩尚未懂事的矇懂階段。

䷃

蒙卦（山水蒙）亨。匪我求童蒙，童蒙求我。初筮告，再三瀆，瀆則不告。

蒙卦卦象爲山下出泉，上面艮卦是「山」，下面坎卦是「水」。

蒙卦的啟示：

一、水要從山下流出來，要快還是慢呢？當然是要慢呀！快就變成土石流了！它需要慢慢從山上滲透到地底下，一路過濾成爲乾淨的山泉水。因此教育需要等待，但不是空等！

二、雨水下在山上，最後變成山下的泉水，其中一定要有通路。因此，教育要「通」！

但是，是老師要「通」？還是學生要「通」呢？答案在自己心中！

三、亨。匪我求童蒙，童蒙求我：不是我去求童蒙不懂事的人，而是童蒙不懂事的人有事求教於我。古代有事問卜時，是問卜的人去找卜筮先生，而不是卜筮先生去找問卜的人。

四、初筮告，再三瀆，瀆則不告：第一次來問筮會為詳實以告。但再一次、再第三次，一問再問，則是褻瀆，褻瀆就不再告幼稚不懂事，昏昧無知。

全世界最珍貴的教育資源就是「他要！」因此，當孩子第一次來問你時，你要認眞地回答，因此要「初筮告！」珍惜最珍貴的教育資源，否則當他不要時，你把他叫到面前訓斥三個小時也是效果有限。有經驗的老師也都知道，有些孩子就是一天到晚黏在你旁邊，問這個、問那個。但是，他不是眞的要問問題，而是在玩，在引起你的注意。這時你就「不告」，但是沒有罵喔！

上面是易經蒙卦給的意見，「蒙」又有內水險、外艮止的卦象（坎為水，象徵「危險」的意思；艮為山，象徵「停止」的意思）。意謂知道危險而停止，就教於人。

唱自己的歌

二〇一五年五月初，松菸文創園區舉辦「民歌四十」的展覽及活動，我受邀在一場音樂晚會中演唱。這場演唱晚會主題是「向李雙澤致敬音樂會」。李雙澤是個怎樣的人物呢？話說當年仍然是西洋歌曲當道的年代，年輕人只聽西洋歌、愛唱西洋歌。一九七六年十二月三日，淡江文理學院舉辦「西洋民謠演唱會」，據說本擔任表演者的胡德夫因傷未能出席，由李雙澤代爲上場。李雙澤上台時手拿一瓶可口可樂，高喊「唱自己的歌」。這個舉動，影響了後來的華語歌曲創作。

這次「民歌四十」的活動，我邀請兩位學生和大家一起說說唱唱，聯結大屯山腳下的動物園、李雙澤、水源國小，唱自己的歌，唱我們的歌，唱李雙澤淡江大學的〈送別歌〉，也唱我們的〈水源的畢業歌〉。

陳俊宏：第一屆帶的學生，之前在中小學代課了幾年，後來考上了淡江大學課程與教育研究所。當年因爲李雙澤的關係，我來到淡水的水源國小，當年在動物園和朋友們辦了紫荊書院，後來擔任園長，辦些文化活動。那段日子常常是下午四點多下課後，就騎著摩托車從山上一路到動物園，忙到半夜才回學校宿舍，隔天六、七點又到學校上課。

後來我寫了〈動物園之歌〉這首歌。俊宏說我曾經帶他們到淡水李雙澤曾經住過的動物園去烤肉，還幫忙整理打掃！他沒講我都忘了，只記得曾帶他們去過動物園。當年我帶孩子們一起唱李雙澤的〈送別歌〉，俊宏和張正儒在畢業前一個月寫了〈水源的畢業歌〉，我幫他們譜了曲子，後來我們畢業時就唱我們自己的畢業歌。

林可潔：水源國小四年級，一、二年級時我帶她們班，那時候我們唱了不少屬於這個班的歌，還錄了台南「非讀Book」節目的主題曲。可潔的爸爸當年因爲我的關係，在學校附近買了房子，希望大女兒可以讓我教到。很可惜，大女兒一直到畢業都沒有讓我教到，還好他的小女兒——可潔讓我教了兩年。可潔從還沒上水源國小前我就認識，是個很討喜外向、演說能力很棒的孩子，也是個可能讓老師傷腦筋的孩子。這幾年一有機會我都會帶著她們出去演出，我的歌她都琅琅上口，她的父母——銘村和麗華也都很支持。這次可潔除了和我一起唱我們水源的歌之外，也和李德筠一起唱李雙澤的〈我知道〉，最後還和知名民歌手李建復、陳永龍等一起合唱。

這首〈送別歌〉是民歌的前輩李雙澤所作。他一直希望這首歌能成爲淡江大學的畢業歌。幾年前我帶孩子們一起唱這首歌，很有感覺。後來我把杜鵑花改成了山茶花；老營地改成了水源地。大屯山下，我們的水源地，有的是山茶花……。

〈送別歌〉詞曲：李雙澤

我送你出大屯　看那大屯山高又高
我又送你到大河邊　看那大河長又長
像那大河長又長　我們吃苦又耐勞
像那大屯山高又高　我們勇敢又堅強
我們勇敢又堅強　我們吃苦又耐勞
我們希望有一天能夠重聚在水源地
我們的水源地　有滿山花盛開

那山茶花是我　那山茶花是你
我送你出大屯　我送你到大河邊
我們希望有一天能夠重聚在水源地

因爲這次的邀約，我重看了自己關於李雙澤的論文，觸動了內在深沉的教育初衷，也勾起了一些回憶。感謝李雙澤、感謝野火樂集的熊儒賢、陳永龍、陳德筠／南瓜，還有當年動物園的師長朋友們，更感謝水源的孩子們。

2015 年「民歌 40」演唱會現場，帶學生「唱自己的歌」。

三、人與自己↓了解自己、尊重自己

認識自己：根扎多深，樹長多遠

教育，是要教育誰？

長久以來，我們習慣要求別人，尤其是老師。社會氛圍也常如是，心眼總是向外投射。當反觀自己時，則常變成過度自我主義，而非自我要求。因此，教育，要教育誰呢？當然是自己了。

首要在——認識自己。

回到此，你將發展出千百招式面對教育現場，隨「時」、隨「人」、隨「境」而變，創意在此。當你有了這體會與展現，和孩子一起經歷之後，孩子也將發展出他們的創意。

想要往外長得多大，根就必須扎得多深。

愈認識自己才知道如何教育自己，也才知道如何帶孩子教育他自己。

從杜威的「做中學」到佐藤學的「學習共同體」

「師者，所以傳道、授業、解惑也。」這是大家所熟悉的一句話，這句看似古板而老掉牙的話，在教學這麼多年的日子裡，卻時時刻刻出現在腦海中，很有感覺！隨著時間的推移，也在教學生涯中留下點點的軌跡。原因無他，就是眞誠地對待每個孩子，埋頭快樂地過日子。在每天起伏變化的生活中，孩子將會帶你觸及生命、生活中諸多的課題。但是，身爲老師的你必須先敞開心胸，看清事實，還要挺得住。

一九九八年台北縣開放教育「做中學」如火如荼地實施，當時剛好是我投入教育行列的初期，當年對於其中的精神內涵只略知一二，單純懷著年輕時的熱情與理想，認眞投入「和孩子一起過日子」的教學生涯中，在「做中學」的脈絡中，看見了「做。中。學」字面背後的原始意義；發現了老祖宗對生命、對生活、對教育的看法在「做中學」中展現，無形中也暗合了傳統社會對「人師」的要求——傳道、授業、解惑。以下就其相關性一一說明。

「做」——故人、老朋友。「做」就是自己的老朋友，千古學問盡在其中。古人從生活中實踐得來的學問，你也能從「做」中體驗到，對老師而言如此，對學生而言當然也是。做自己的老朋友會有一種熟悉感、親切而充實；身體力行的人都體會過，揮汗勞動後，身心會有一種扎實、舒坦的安定感，這是一條實踐的道路，在日常生活中眞做、實做，就會有實得。

就「老師」而言是身教，也就是傳道。傳什麼道呢？自然之道、爲人之道、生活之道。怎麼傳呢？用說的嗎？有經驗的老師都曉得，這樣效果很有限。其實，天天的日常生活就是教育，只要你埋頭快樂地過日子，孩子心頭一定有感覺、有薰習。走上這條大道，你便也走上人師之路。就「學生」而言，實際參與、從做中去體驗的，當然印象深刻，而他也從中培養了實踐力和生活的能力。

「中」——「𠁩」，甲骨文字形，中像旗桿，上下有旌旗和飄帶，旗桿正中豎立。一顆大石頭上插一支旗桿，桿上的旗子隨風而飄，但旗桿始終屹立不動。從老師的觀點而言，「教」主要在於覺人，如何讓孩子有自覺；從學生的觀點而言，「學」主要在於自覺。老師如何引導孩子能夠自覺，也就是主動學習的態度是相當重要的。關鍵在於「中」，就是體會、覺知、覺悟能自己做「主」，做自己的主人。也就是回到自己有主有體的心神。用自己的心神控制掌握，什麼事該做、什麼事不該做，有所爲有所不爲，這是一種解惑的功夫。

當你敞開心胸，像旗桿一樣矗立在石頭上，看清事實，不爲世俗台面的環境所混淆，你將發現「𠁩」的力量，這是一種積極主動的能力，而且每個人都有。不管現實的台面如何惡劣，只要你發現「𠁩」，就會有一種勇氣可以穿透。這時候，你可以針對不同情境階段的孩子給予適當的引導，爲他們解惑，不管是課業上，或是生活情意的部分。最好你也能夠讓孩子發現「𠁩」這個主動積極的力量，這樣他便能夠有自覺、主動學習，踏上實踐之路。果眞如此老師得解，知道如何爲孩子解惑；學生得解，在學習、生活上能有自覺，主動學習。

因此，「⿰丯彐」是一種解惑的功夫，是身教也是言教。

「學」——《說文解字》：同「斅」（斆）字，意思是覺悟也。這個字的字根，源自「𡥈」（孝），「𡥈」：放也，通「仿」。教者，與人以可仿也；學者，仿而像之也。教的人有榜樣，學的人隨之模仿、學習。它與教、學的關係如下：

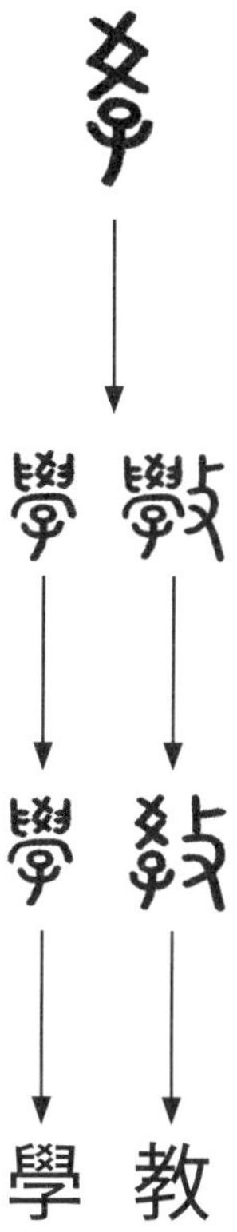

「斆」，上所施，下所效也。其中「攴」是小擊也，意思是教的人旁敲側擊，也就是「學」用手輕敲，所以是上所施；「學」，從「爻」，學的人仿效，從「子」，就是下所效也。《廣韻》效：學也，象也。要學得像樣！

「學」，《廣韻》：斅，學也。《說文解字》：斅，覺悟也。從「學」，從「臼」，《說文解字》：舂也；《廣韻》：兩手奉物。也就是態度恭敬、努力鑽研的意思；「冂」是尚矇也，童矇無知，所以教而覺之，讓孩子能自覺。

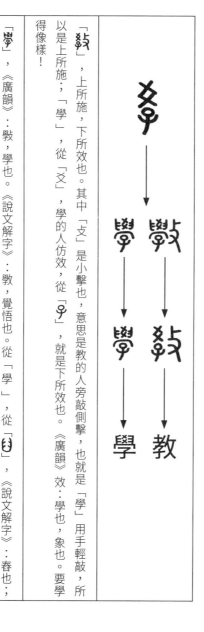

這就有趣了，**原來，「教」和「學」是同一件事**。

《禮記學記》：「學然後知不足，教然後知困。知不足，然後能自反也；知困，然後能自強也，故曰：教學相長也。《兌命》曰：『學學半。其此之謂乎！』」其中雖將教和學分開說明，最後又引用《尚書．說命》將教學合在一起。

知不足、知困都是一種「覺」的功夫，「學學半」就是「斅學半」，說明教人乃益己之半。第一個「學」（斅）字含有教和學的意思，就是「覺」。教人所以覺人，上所施也；第二個「學」字，學所以自覺，下所效也。不管是教或學，重點都在於覺悟，自覺而能覺人，這是才是「學」的原意吧！

以上說明了「做中學」和傳道、授業、解惑的關聯，其中傳道是身教、是人師；授業是言教、是經師；而解惑則身教、言教兼而有之，像是潤滑劑，是幫助如何達到傳道、授業的補藥。雖是分別說明其實是有一整體性的，略做表格如下：

			老師	學生
傳道	做（故人）	身教（人師）	眞做、實做、實得	眞做、實做、實得
解惑	中（[illegible]）	身教、言教（補藥）	有主、有體的心神（自覺、覺人）	自己作主、主動學習（自覺）
授業	學（斅）	言教（經師）	教（斅）、學合一	學

一九九八年台北縣實施開放教育，以杜威（John Dewey）做中學的理念，改變教育環境；近幾年新北市則以佐藤學的學習共同體（learning community）積極投入教育現場。

杜威提出了「做中學」，曾經是杜威學生的陶行知認爲「生活教育是生活所原有，生活所自營，生活所必需的教育」。他到西方取經回到中國後，配合國情文化、融合王陽明「知行合一」的理念，提出了「教學做合一」的方法論。他說：「**我聽見了、就忘記了；我看見**

了、就記得了；我做過了、就理解了。」

佐藤學則認爲：

一、教師單方面授課，孩子被動地將聽到的全部背起來，孩子學到的只是背誦能力，而非知識本身。

二、傳統教學方式下，孩子不需與他人接觸或討論，是個人主義的學習。然而，二十一世紀的社會，強調與多種多樣的人共生互助，學習也應該與他人交流。

三、學習應該是透過活動，讓孩子充分運用學到的知識及技能，在失敗時，再一次反省並思考知識（做）。

佐藤學最大的不同點在分組討論、引發學習動機、讓對的人在對的位置、做對的事。對學生而言：觀察自己與同儕、互助合作、彼此學習、提高學習動機。對老師而言：建構一個討論的空間、成爲引導者。

印度河濱學校這所沒有校長室的學校，強調「化知道爲做到」，讓孩子經歷四個過程：「感受」、「想像」、「實踐」、「分享」。最大的不同點在於「感受」與「分享」，Just do it！

一、教育思維：從「老師告訴我」轉移到「讓我親自做做看」。

二、從「你有多『聰明』(how SMART are you)」來評價孩子，轉爲從「『如何』發揮才智(HOW are you smart)」的角度來啟發孩子。

三、從「我行嗎？(Can I?)」的自我懷疑，到透過實際行動，建立「我做得到！(I Can!)」的自信心。

上面這些理念、想法與建言，過去都曾被提及，爲什麼近年來，不論日本的佐藤學或是印度的河濱學校如此熱烈地爲大家所關注？最大的差別在於「**做**」。是孩子從做中去實踐學習嗎？沒錯！但是，更關鍵的是「**老師先眞做！**」眞正從自己的生活、學習改變做起，改變自己的教育觀念、教學模式與方法，才能眞正有成效！過去之所以未見成功的案例，是因爲只要求孩子要去做，忘了眞正要改變的是「教育者本身」，不管是家裡的家長或是學校的老師，當教育者能經營出一個空間，讓自己也讓孩子有機會依著上述理念、想法去實踐，眞正的學習改變才會發生！

就生活知識層面的學習而言：關鍵確實在眞做、實做，因爲「眞行」的人，才是眞正「行」

的人。陶行知先「行」然後「知」的實踐體會，提出「我聽見了、就忘記了；我看見了、就記得了；我做過了、就理解了。」重點在「做」，這也是上述諸多前輩的共同見解。如此，孩子學到「我做得到！」的信心，孩子擁有靠行動解決問題的能力。但是，光有自信還不夠！

就生命層面的學習而言，除上述的眼、耳及動手的實做之外，五感中的口「**說**」也很重要！口「說」分兩個部分：

一、「做」之前的**討論**：與人互動的討論（學習共同體）

二、「做」之後的**分享**：與人分享的喜悅（感受與分享）

綜觀以上，我將之歸納如下：

一、我聽見了，就忘記了；

二、我看見了，就記得了；

三、我討論了，就清楚了——互動的討論（學習共同體）；

四、我做過了，就理解了；

五、我分享了，就喜悅了——感受與分享（回饋與調整）。

我們每個人都可以有一方天地，回到自己天生本能做爲一個「人」的質地，享有這上下四方、古往今來的存有。社會再怎麼紛雜，教育的理論再怎麼新潮，你就在這宇宙的時空之中，能和孩子們交錯對話、對孩子有所影響，不只與古人交，也與孩子交，不分古今中外。雖然過程中必然有些挫折、低迴、愴然；當然也有肯定、欣然、狂喜與沉潛，對老師而言，眞是一件幸福之事。

我相信每個人都做得到，只要你發現「中」、認眞「做」、開始「學」。在生活中你將開啟一扇扇的窗，也協助孩子打開一扇扇的窗，看到不同的風景，在生命的大道上，你也將開啟一扇扇的門。記得！你走在前頭，孩子們將尾隨你而來，忽前忽後，相伴而行，一起學習、一起成長。

未來孩子的世界是一個與人互動多元的世界，希望孩子們，也希望我們自己能夠從生活的感動經驗進入教育的世界，最後回到自己的生活。從「生活」到「生機」；從「吃得有機」到「活得有機」，不只要有自信，而且要學習過著有感、有機、幸福、喜悅的生活。做一個完整的人，成爲一個有機生命的人。

十多年前有位學生用毛筆畫下了我和孩子一起唱歌的景象，圖中有吉他、有豆芽菜音符、也有孩子的童詩歌詞，交錯在畫面中，而我最喜歡的是他在最上頭用毛筆寫的兩行字：「**有歡笑也有悲傷，才是眞正的學校！**」

不一樣的旅行三部曲

上有祖先，下有子孫，人在做，天在看。人在做，兒女在看！我們只是這段生命旅程中，陪伴彼此同行的人。

首部曲──回到自己：離家愈遠，離自己愈近

四十歲那年，我留職停薪寫論文，常常早上出去走路，晚上才回家，有一次還從淡水走到桃園，走了兩天一夜。那段走路的日子，離開熟悉的環境，少了外在的牽絆，反而可以近距離觀察自己的身體和心靈。一個人走路，是一種勞動，透過身體的勞動，將意念轉移，專注在身體的行動上；一個人走路，也是另一種獨處，藉此沉澱自己，往內心深處去探索。這種自己往自己的內心呼喊和對話的方式，反而可以解決很多內在和外在的問題。一個人獨自行走在天地之間，我體會到：眞正「行」的人，才是「眞行」的人。也深深體會到：「離家愈遠，離自己愈近。」

因爲想回家，所以離家出走

有了走路的經驗，內在的聲音再度告訴我，我必須要離開，因此，我再度動念騎腳踏車從北部騎回南部老家。

我從來沒有受過訓練，也沒有環島經驗，腳踏車也沒有任何專業的配備，一路騎著多年前載小朋友的小折腳踏車，在彎曲起伏的山路騎騎停停，每一次騎不動，就想辦法改變一下姿勢，最後終於找到一種「無論遇到怎麼樣的斜坡都有辦法騎得上去」的方式和自信。

有一天晚上，在蜿蜒的山路上，一方面迷路，一方面趕路，騎到半夜兩點，露宿街頭路邊。在暗夜的山路上被野狗追，雙腳早已痠痛不已，一度以爲自己體力用盡，咬緊牙根，努力硬撐，拚命叫自己無論如何都要往前騎，這是被狗追的實際恐懼。有些爬坡只能下車用牽的，在前後無人煙的暗夜山路裡，涼風吹過，內心的恐懼油然而生，全身泛起雞皮疙瘩。害怕脆弱時，我心中一路默念《心經》，也時而抬頭仰望看星星，感受繁星趕路的情境。好不容易找到可以停下來休息的地方，下車的剎那間，卻發現自己差點軟腳連人帶車摔倒在地，那種瞬間刺骨的恐懼，與無論如何都不能被擊倒的韌性，不斷地在旅程中反覆考驗著我。

重新整理自己，在便利商店買了一瓶運動飲料，店員問我：「要環島啊！」「沒有啦！只是要騎回台南。」接著他看了看我騎的腳踏車，露出驚訝的表情！「這車不適合騎長途吧！」我也知道！因爲小折腳踏車騎不快。不過沒關係，慢慢騎就好。

接下來的山路斜坡陡峭，而且連續蜿蜒向上。腳很痠很痛，有幾次幾乎要下來用牽的，不過，配合呼吸及變換姿勢及檔次，我找到了一種方式，對原本覺得不可能騎上去的上坡一一克服。之後遇到同樣的上坡，我就用同樣的方式，像跑步一樣，注意呼吸！似乎感覺可以一直一直騎下去，就這樣騎過了最困難的山路。後面的旅程就在時而平坦，時而爬坡、下坡中，一一走過，回到我台南老家。

二部曲——共同陪伴：先自己摸索，再用自己的生命經驗陪伴小孩

從一個人走路，到一個人騎腳踏車，有了這些旅程的親身經歷，我騎摩托車，一個人載著孩子回南部。

原本我和太太淑文只是想讓兩個孩子體驗不同的旅行方式。一邊由淑文帶著女兒坐捷運在台北旅行，晚上留宿旅館；另一邊則由我帶兒子騎摩托車環島，晚上則住朋友家，行程則完全由兩個孩子搜詢地圖自行設計。後來，剛好碰到八八風災，各地災情慘重，尤其是屏東。我告訴兒子，不好意思，老爸要去救災，沒辦法陪你去環島了。

露宿街頭ＶＳ舒適旅館

當我從屏東救災回來後，不忍心看兒子失望，原本一星期的環島旅行，只好改成三天兩夜到鹿港。行程依然由兒子規劃，沒想到兒子後來竟然希望和我當初一樣露宿街頭，而且要到我當初被野狗追，最後睡在路旁的那個福星郵局！而淑文則是帶著女兒坐捷運在台北旅行，晚上留宿舒適旅館。

隔年暑假，和淑文住過舒適旅館、坐過便利捷運，在北部旅行的女兒，反而對我和哥哥騎摩托車並露宿街頭的旅行經歷，產生莫名的嚮往和好奇。於是請求我沿著兒子設計的行程，騎著摩托車展開四天三夜的旅行。淑文則是讓兒子自己設計路線，帶著他坐捷運在台北旅行並在旅館過夜。

我和女兒從下午兩點出發，先到桃園石門水庫，沒想到到了傍晚竟下起大雨，為了晚上能露宿在我和哥哥睡過的郵局門口，女兒要求我冒雨騎夜車，從石門水庫的山路，一路騎到苗栗的福星郵局，當時已經將近晚上十一點。坐了那麼久的摩托車，女兒的屁股實在是痛到不行。一下車，脫下雨衣，最大的感觸竟是：「原來『站著』是一件多麼幸福的事啊。」

原本，女兒的旅行「只想體驗哥哥和爸爸走過的地方並留宿街頭」，跟哥哥的規劃一樣只到鹿港。但到了鹿港，發現假日人潮太多，似乎無法感受鹿港幽靜的小巷及古意的風貌。女兒突然心血來潮，想回台南給外婆和阿媽一個驚喜。於是我們父女倆冒著烈日曝曬，沿著濱海公路騎著摩托車直奔台南，傍晚六點多抵達台南時，果然嚇到外婆和住隔壁村莊的阿媽、表姊和表妹。

雖然淑文帶著他們兩次「舒適」的旅行，兒子女兒都玩得很開心，但兩種不一樣的旅行方式，顯然是我帶著他們騎車，露宿街頭，經過風吹、雨淋、日曬、在山上迷路、找路，更讓他們回味。

有人開玩笑說，難道是爲了讓孩子體會遊民的生活，才讓孩子露宿街頭嗎？其實，當初露宿街頭是不得已，沒想到當初去過的地方，兒子女兒也想去，沿著我過去曾經旅行的軌跡，意外的也變成我和孩子共同的經歷回憶。

太太和兒子騎車旅行

二〇一五年暑假，淑文爲了陪國中剛畢業的兒子圓夢，騎著摩托車和兒子（腳踏車）一起從淡水騎回台南，再從台南騎回淡水。這趟旅程，兒子並不是一邊騎一邊玩，而是挑戰自己的極限。所以，淑文和兒子一天騎一百多公里，每天頂著烈日騎車五、六個小時（中間有時只在便利商店休息一次），總共騎了八百多公里。整趟行程，包括行經路線、訂旅社、緊急措施（爆胎或受傷中暑如何應變），完全由兒子一手規劃。

幾天下來，兒子曾經差一點被石頭絆倒摔車，而淑文也不小心騎到打瞌睡差點和鄰車擦撞，有時也不小心騎上快速公路，或迷失在不知名的小路。高溫、烈日，在強風中馬不停蹄地趕路，有時整條路上，只有她們母子踽踽獨行。這樣的旅程的確存在著危險，但卻透過這段旅程，重新認識自己所生養的兒子，是如此強韌勇敢。

淑文說：「回到台北前一晚，我和兒子在旅社聊天，兒子突然說他這幾天有時心臟跳得很快，一下子就衝到胸口。我則跟兒子坦言：『剛開始幾天，其實我緊張到心臟無力，甚至差點中暑暈倒。』我們兩個對看著，心照不宣互問對方要不要緊？然後哈哈大笑。努力把自己照顧好，這種照顧自己的能力，平常就要自我訓練自我負責。正因如此，我們母子才能彼此陪伴，完成這次嚴苛的挑戰。」

三部曲——放手飛翔：兒子的單車環島

二〇一六年暑假，兒子自己去參加十二天的單車環島。這是他幾個月前就自己安排好的。出發當天一早載他去報到，在車上我臨時給了他三千元備用。晚上我寄了封信給他：

元椿，一早送你到劍潭活動中心報到，特別給你三千塊，是有原因的，其實是要給你三千萬！

一、千萬注意安全：雖然你已經有過騎車回台南的經驗，還是要多注意安全，千萬別逞強。

二、千萬要打開觀察的眼，體諒的心，溫暖的手。此行重要的不在表現自己很厲害，多觀察周遭，打開眼睛看見夥伴的需要，伸出雙手協助周邊的人事物，千萬要打開心眼。

三、千萬要保持愉快的心，無論遇到什麼事，要順著走，逆著想，一切要懷抱著感恩的心，遇到問題解決就好，千萬要帶著樂觀的態度。

祝福你也相信你一定收穫滿滿。

最後老爸要告訴你我沒有三千萬，只有三千塊。就這樣了，晚安。

二〇一八年爸爸節的感動

這天傍晚，老婆和女兒問我幾點下班，他們要請我吃飯，女兒提醒我要打開我的公事包喔！原來她寫了一封信給我，偷偷塞在裡頭！還提醒我要看她的IG！除了這封信，她還在IG上PO了下面的訊息！這是她晚上熬夜到兩點多的心意！看著看著，眼眶微熱！珍惜！感恩老天爺！幸福百分百！！！

二〇一八〇八〇八／父親節快樂！

我有很酷的爸la

這是我爸。

他很酷，超級酷的那種。

連續兩年騎機車帶我和我哥一個到鹿港一個回台南，中途還睡在苗栗的路邊郵局門口，我國小的校歌是他彈吉他自己譜出來還被唱了二十年的那種酷。

他也很怪，超級怪的那種。

除了必要場合要穿西裝之外，日常穿搭是穿我阿公做的唐裝配圓眼鏡，會在我家門口的地上用粉蠟筆畫易經八卦河圖洛書，下雨被沖掉繼續畫（為了畫這個去買了幾盒那種一盒有九十九支的粉筆）的那種怪。

小時候覺得爸爸超級萬能，有什麼事找爸什麼都會好。修壞掉的鞋子到房間地板跟書架，百香果只要冰在冷凍庫拿出來加一顆方糖夏天就不用買外面的冰棒，在家附近亂跑亂玩亂摔都是爸幫我擦藥，去漁人碼頭騎腳踏車，帶我和哥去溪邊釣魚，一起釘了樹屋小平台，架攝影機看綠繡眼築巢到後來養了小綠，還有熬夜陪我們追超熱血的運動動漫（籃球排球跟腳踏車的，酷！）

有太多太多是我們擁有的。

從小到大同學都說杜欣諭你爸超特別，但某段日子曾經好討厭他，覺得好像很多事都因為我爸，所以我才會有光環或很痛苦。覺得明明他就是做教育的卻很機車又很固執不聽我講話，常常跟他講一講話就哭出來。後來慢慢長大好像也慢慢懂了，現在我有好多重要的價值觀，都是他帶給我的。

我也不曾懷疑過他一直都好愛好愛我。

就算他回訊息貼圖永遠回一顆Line內建的微笑太陽、會講和我有點代溝的笑話、最近常常開了電視就忘記關、叫我削水果給他吃、喜歡提當年勇但其實真的很勇，像是身高只有158但以前會打橄欖球。

我還是好愛好愛他。

會發現我一直在畫我媽，也有人問我幹嘛不畫我爸？（我爸也問過我哈哈哈）因為我畫不出來啊（笑）但今晚塗塗撇撇出來好像還可以呢。

欸嗨！爸你在這裡喔XD

其實到最後，我只想坐在客廳好好喝他泡的茶，這樣就夠了。

嘿爸，父親節快樂，要一直很好喔：）

二〇一九年給女兒的生日禮物

親愛的女兒，今天是你十七歲的生日。

一早坐在庭院前，想起了去年父親節你給的禮物——我的畫像和帶有洋蔥的文字。

前幾天媽媽問你生日你要什麼禮物，你回答：已經這麼大了不用慶生了！接著又說：要不然買書好了……

這些年來看著你和元椿逐漸長大懂事，有時雖有些掛心，但更多的時候是讚嘆、欣慰與感恩！你們的懂事貼心，在平常的日子裡經常觸動阿爸的心田，或許有時你們曉得、更多的時候你們並未察覺！有時你的心情波動較多、哥哥這段休學準備重考的心境起伏也大，阿爸有時會有一些叨唸，不過阿爸打從心底覺得我和媽媽在你們這個年紀時，遠不及現在的你們！期待也相信未來你們都可以過得很好！

十七歲是個青澀、多元的年代，生十日＝星，每個人都是宇宙中獨一無二的一顆星，就像你主編的校刊一樣：獨嶼—認同、獨語—性別、讀語—社會、讀雨—青春。

去年的爸爸節你說，其實到最後，你只想坐在客廳好好喝我泡的茶，這樣就夠了。

這是阿爸送給你的生日禮物——客廳的茶席，邀你入座。

後記：前陣子因為台南阿公、阿媽的身體狀況，阿爸南北奔波，元椿的生日無暇多所著墨，趁欣諭這次生日一併感恩老天爺，讓你們兩個來到杜家！謝謝你們呀！當然更要感恩平常深刻陪伴的媽媽喔！

茶席已經結束，女兒還沒看見PO文！！！日常的茶席，沒有多做擺設，只是多了份心意！平常生活的實然、交流！教育在生活中，感謝孩子們，讓我們有機會經歷、體會……

教育就是「自。動。好。」

自發、互**動**、共**好**，也就是「發現」、「聯結」、「感動」：

第一、**教育就是「發現」**。發現什麼呢？發現我是誰？發現自己的「天命」。每個人天生下來就各有各的特質、天性；有些人是小草，有些人是花、有些人是大樹；教育要提供一個適合的環境，適時的給予養分，引發它內在本有的生命力，長出他該有的自信和風采，這樣他才能真正活出他自己，就是「教」。所謂的「適性」，就是「發現」他的天性，順著他的天性，讓孩子長成他該有的樣子。教育的意義不是期待一棵小草變成漂亮的玫瑰花，而是讓一棵小草活出它該有的神采。當然這要從老師、家長自己開始做起！

第二、**教育就是「聯結」**。聯結什麼呢？聯結關係！聯結我從哪裡來？我們每個人都從父母而來，因此要聯結與父母的關係，聯結與祖先的關係；也要聯結與師長、書本、古聖先賢，還有大自然的關係。關係良好，我們才可能過得好。

第三、**教育就是「感動」**。感知行動！知道我要往哪裡去？感動就是要有同理心、知行合一，在生活中眞正去實踐。眞「行」的人，才是「眞行」的人！期許自己成爲多元文化的社會教育工作者。

我們一家都是平常人

我們一家都是平常之人，我只是個小小的小學老師，在生活中做點事，生活中的柴米油鹽醬醋茶，依然如實！面對孩子也一樣！不同階段有著不同的課題考驗，有時亦是甚難抉擇呀！不過，生命的歷程本就經常如此，只有在每一次的歷程中學習。當然清楚自己心的狀態，做好適性的選擇很重要，面對周遭環境、人事等等，要讓自己堅持內在聲音的選擇，有時候並不是一件容易的事。二〇一九年選擇離開教育局，回到原學校水源國小，基本上是放棄未來派任校長的機會，回到學校擔任老師。

二〇一九年八八父親節節隔天，台北放颱風假，一早從淡水開車回台南看爸媽，一路風雨時大時小，但台南天氣很好。十年前八八風災時我在台南，事隔十年，同樣的八八父親節，我回到台南，今晚想起了這段往事，只是時空環境已不同！

二〇〇九年八八節當晚台南老家淹水，剛開始我們還想方設法圍堵，眼看狀況不對，爸媽、哥哥、我和弟弟及孩子們涉水逃到對面鄰居家求助，風雨真是滿大的，費了一番功夫，鄰居才來開門。我們十多人暫借二樓一間房間，眼看著老家淹水，還好隔天淹水漸漸退去，我們一起清洗老家後，決定儘早回淡水，免得被困在台南。

在回程中聽廣播，才知道這次風災的嚴重性，尤其是屏東。原本答應帶兒子騎摩托車環島，回到淡水我告訴兒子，不好意思，老爸要去救災，沒辦法陪你去環島了，隔天我從淡水到台中接了四個人，一起到屏東林邊救災五天。

二〇一九年，從媽媽暈眩無法行走，到爸爸中風不良於行，我遠在台北，雖然略懂中醫，也南北奔波，總不及大哥大嫂隨時地出入照顧，我身心雖然勞頓，至少還能夠有機會盡點孝道！我原本已決定請侍親假，前陣子局裡長官及多方教育前輩的關心與關懷很多，多位我所敬重與感念的前輩校長也多所提點，希望我有兩全的方式。幾經考慮後決定，二〇一九年八月一日起，我回水源國小擔任老師，除了表達我內心的感謝與抱歉之外，期望也有些諒解。八八父親節前幾天，兒子自己要先到南部旅行，順道回台南看爺爺奶奶，臨行前給了他一張卡片和「三千」元，其實是要告訴兒子，老爸不需要什麼禮物，最好的禮物就是期望你可以「有所爲，有所不爲」。我們共勉！也恭喜他考上第一志願：成大工程科學系，成爲我的學弟。

在這個時代，離家這麼遠了，珍惜、感恩還能盡點微薄的孝道。深深感念！希望每個人做個比爸爸更好的爸爸，但，爸爸終究是爸爸。送給一代傳接一代的爸爸們！

放下　就　得到

放下　就　可以到達

放下　就　得道

二〇一九年八月，父親節有感。

四、人與人群↓尊重別人、相處之道

教育不只在學校，更在社區實際的日常生活中！而學校更不只在圍牆內，發生學習的地方就是學校！孩子來自社區，當然也該走入社區，學校結合社區、深入在地，再從社區實作回到學校課程，形成良性的循環。從個人、家庭、社會、國家、民族、世界到宇宙，帶領孩子擴展視野，提升生命的維度，不只自己好，也要別人一起共好，而環境教育便是接引孩子走在人與大自然，人與社會人群的實踐之路。

幸福中田寮——我的環境教育推廣與實踐

從生活的感動經驗，進入教育的世界。這個世界不只在學校，更在農村社區。

身爲一位國小老師，我爲何投入社區環境教育？

近年來環境議題已到了不得不讓人們重視的地步。環境汙染、氣候變遷、溫室效應、物種迅速消失、能源匱乏、天災人禍頻傳，不得不將眼光放大，提升視野去關注。前瞻眼光的專家學者，宣導、提醒，甚至警告，如果我們再不有所作爲，未來我們將面對如何嚴重的後果。

雖然有困難、有點慢，但是不做永遠沒機會。而重要的關鍵就在教育：在學校，更在社區。因爲教育，因爲看見希望，所以投入生態環境教育。

我的環境教育實踐歷程：從學校到社區，再從社區到學校

一、探索學習期：學校社區，同步成長

在水源國小：（一）創辦「水源生活書院」、教育讀書會；（二）辦理「水源少年」生活

營、社區報。

在建安國小：（一）辦理特色遊學活動課程；（二）承辦「讓生命發光，台北縣螢火蟲祭」；（三）小暗坑社區學習課程「社區解說員培訓」。

擔任建安國小生活輔導主任期間，承辦特色學校相關業務，期間約有近一萬人次的參訪、校外教學，並培訓社區導覽解說員及全台北縣螢火蟲學校小小解說員等。

二、實踐教學期：行動在地化，深入社區

（一）水源溪：結合學校課程全校小朋友進行水源溪生態探索、製作生態陶板，編寫水源溪歌曲，製作專輯CD；（二）公司田溪：結合公司田溪生態水質調查，社區製作意象圍牆，在地老居民編寫回憶歌詞，杜老師譜曲；（三）竹子排笛：運用在地素材，製作排笛，讓學校課程深入社區；（四）手工紙畢業證書：利用校園植物樹皮，帶領小朋友親自製作手工紙畢業證書，推廣永續環境的理念。

三、推廣回饋期：從在地推廣，到跨越社區

（一）協助社區北新有機農場榮獲「神農獎」。二十年前放棄每月營業額百萬的大老闆簡連生，因父親死亡證明書（農藥中毒）的震撼，開始投入有機農業，因爲堅持，所以走出一片有機的天地，獲得神農獎。

（二）舊豬舍變成市民農園。1、我家對面原舊豬舍廢棄物堆積，焚燒廢棄物造成空氣汙染，又常使用農藥，屢勸不聽，後來透過農再計畫課程，改變現狀。現爲新北市淡水區忠寮里市民農園，改變慣行農法、且不用化學肥料；2、目前約一甲地，提供各地市民前來租種，每單位十坪，每年租金三千元。

（三）農村再生計畫。1、擔任領頭羊，與社區頭人（有機農場主人、理事長、里長等人）共同發起「農村再生計畫」，帶動社區參與；2、擔任執行長推動社區環境教育改造事務；3、透過討論、實作、分享，帶動社區居民共同關注、透過社區凝聚共識及情誼；4、帶領社區參加各項競賽屢獲佳績；5、以身作則，取得環境教育人員行政及教學認證，將永續校園環境教育帶進社區；6、七人工作執行小組：每週五聚會討論社區事務；7、發揮教育專業，規劃執行小學堂課程，引進外部師資資源，培育農村人才。

（四）「有機生活」小學堂。將學校課程帶到社區，再從社區實作回到學校課程。透過中田寮「有機生活」小學堂的相關課程與社區資源調查，舉辦生態環境教育訓練，深入做好生態調查，了解社區曾經擁有的各種生物，珍惜目前還擁有的物種，復育已經消失的，恢復生物多樣化的自然倫理。透過觀察與記錄，建立多樣性物種的復育檔案，建構社區生態環境。

（五）進場及退場的思維。1、進場：爲更深入社區，讓居民更認同，本人進住市民農園旁，並將戶籍遷入社區；2、退場：A．建立平台：七人小組每週五固定聚會（非集中在一人）；B．傳承：申請青年返鄉培訓人才；C．推廣：將經驗帶到另一個學校社區。

實施環境教育相關作爲影響範圍層面廣度及深度

廣度：

一、建安國小：擔任建安國小生活輔導主任期間，承辦特色學校相關業務，期間約有近一萬人次的參訪、校外教學、導覽解說培訓課程等。

二、農村再生培根課程：約有六十人完成四階段九十二小時培訓課程。

三、雇工購料：水保局四階段培根課程期間，雇工購料參與人次約有五百人次。

四、永續陪伴課程：二〇一三年約有兩百四十人次參與（前後二十四小時課程）。

五、小學堂課程：二〇一四年小學堂約有兩百六十人次參與（前後五十小時課程）。二〇一五年小學堂約有三百人次參與（前後六十小時課程）。

六、忠寮市民農園：平日約三十人次，假日約五十人次，一年約有一萬三千人次。目前約一甲地，提供各地市民前來租種，每單位十坪，每年租金三千元。

七、北新有機農園：平日約十人次，假日約三十人次，加上不定期的校外教學及參訪研習活動，一年約有一萬兩千五百人次。

深度：

一、舊豬舍原廢棄物堆積，焚燒廢棄物變成市民農園：1、我家對面原舊豬舍廢棄物堆積，焚燒廢棄物造成空氣汙染，又常使用農藥，屢勸不聽，後來透過農再計畫，邀請他參加課程活動，除社區踏查等，並將生態環境，永續的概念傳達給居民；2、後來引進新北市農業局合作，現為新北市淡水區忠寮里市民農園，全場有機耕種，改變慣行農法，不

結合資源	具體作爲及成果效益
建安國小 小暗坑社區發展協會 教育部社區營造計畫 三峽區公所	1. 近 10000 人次的參訪體驗教學。 2. 培訓社區導覽解說員。 3. 培訓台北縣螢火蟲學校小小解說員等。
水源國小 忠寮社區 行政院農委會水保局 新北市農業局 淡水區公所 滬尾休閒農業園區	1. 農村再生培根課程： 約有 60 人完成四階段 (92 小時課程)。 2. 社區雇工購料：參與人次約有 500 人次。 3. 永續陪伴課程：102 年約有 240 人次 (24 小時課程)。 4. 小學堂課程： 103 年約有 260 人次 (50 小時課程)。 104 年約有 300 人次 (60 小時課程)。 5. 忠寮市民農園：一年約有 13000 人次 6. 北新有機農園：一年約有 12500 人次。

用化學肥料，不使用農藥；3、目前約一甲地，提供各地市民前來租種，每單位十坪，每年租金三千元。

二、四、五月螢火蟲出現期間，傍晚六、七點社區有居民開始觀察哪裡有螢火蟲，並評估可能棲地及螢火蟲種類。

三、公司田溪水質監測調查：社區開始學習深入調查公司田溪。

永續發展、擴大參與，學校和社區共榮

希望藉此讓社區的居民更加了解社區，提升居民的環境意識，逐漸化爲行動，成爲在地社區的導覽解說員，也成爲重視生活、生產、生態，而且有環境教育意識的忠寮居民。

短程方面：結合學校與社區，在環境永續之原則下推動、參與相關活動課程。

一、課程與資訊：運用學校課程教學及空間，研訂環境課程教材，實施多元教學活動。

1、學校行政規劃：持續規劃各項研習、活動、課程及校園環境設施。

2、教學方面：配合校本課程，延續各項環境教育相關教學活動。

3、社區環境教育推廣：配合農村再生計畫，持續推廣有機生活小學堂課程。

4、有機生活小學堂課程（第三期）：一〇五年度計畫提案。

課程主軸1：公司田溪生態調查及水質監測（結合學校和社區共同投入）

課程主軸2：社區環境踏查（文史古厝）

課程主軸3：魚菜共生雇工購料、課程

中程方面，建立平台：

一、法規建制：社區公約討論、制定。

二、組織人力：1、七人工作小組每週五晚上持續聚會，並廣邀有興趣的居民參與；2、組成社區環境教育志工。

長程方面，傳承與推廣：

推廣環境教育普及化，培育學生及居民了解環境倫理，增進保護環境之知識、技能、態度及價值觀，促使重視環境，採取各項環保行動，以達永續發展。

一、品質與認證：與中央主管機關合作推動環境教育。1、開辦「環境教育認證課程」，協助社區居民取得環境教育人員認證；2、申請青年返鄉計畫，培訓社區人才。

二、循序推動：1、透過滬尾休閒農業園區，與其他社區合作，分享將經驗推展到鄰近社區；2、將學校與社區成功經驗帶到另一個學校社區。

環境教育不只在學校，更在社區實際的日常生活中！學校結合社區、深入在地，再從社區實作回到學校課程，形成良性的循環。

和社區一起討論，成立執行工作小組，一步步打造出忠寮里市民農園。

幸福中田寮
讓住在這裡的居民覺得是幸福的
讓來到這邊的人覺得是幸福的
The Best is yet to be
我們已經走在這條路上！

讀萬卷書，行萬里路：水源大陸行知畢旅

緣起

臺北教育大學袁汝儀教授從二〇一〇年開始，集合了十位原北教大與臺大的教授（包括幼兒教育、資優教育、道德教育、特殊教育、教育心理、教育史、課程、師資培育、家長觀念及藝術教育方面），一起申請一個整合型研究計畫，打算用三年時間研究「行知小學」。理由是「我們覺得行知學校的教育是兼有理論與實務，具有完整結構的，而且它的人和事，可能蘊藏著中國人特有的教育智慧，如果我們可以將它提煉出來，對整個人類世界

的教育，會有很好的貢獻。」

除此之外，陶行知乃是中國大陸知名的前輩教育家，南京的「行知小學」在楊瑞清校長三十年投入耕耘的帶領下，更是其中重要的典範學校。因此，我們決定到南京「行知小學」做校際交流的活動。

實地考察與對話：身教重於言教

二〇一〇年八月，我自己實地到南京行知小學參訪，並針對未來班上孩子到南京校際交流時，可能參訪的相關歷史景點考察，期間聽取楊校長簡報，收穫與感動滿滿。後來楊校長邀請我十月到行知小學演講，並受到南京市小班化教育研究所支持，對南京小班化實驗班老師做演講分享及交流對話，十二月初也將邀請水源國小曾校長到南京，參加兩岸四地小班化教育的分享座談。此間的種種努力，無非是希望南京「行知小學」的校際交流活動，能真的成行，畢竟眞正走過才有眞正的學習。

從法規不准，到最後突破法規

原本我們規劃八天七夜的學習課程，但是，法規規定小學畢業旅行最多三天兩夜，因此未能成行！我們經過了一年多的努力最後突破法規，二〇一一年五月終於成行，聽說後來法規也因此修改了！當時江蘇教育電視台做了「看江北」——「飲水思源」專題報導，中央電視台也做了「鄉村裡的世界學校」專題報導。

爲什麼要辦「水源孩子。生活的歌」演唱會？

二〇〇五年，我帶著班上孩子到金門畢業旅行，出版了《水源的孩子和杜老師》專輯CD及生活卡片，在水源大榕樹下舉辦了「水源十年。生活的歌」演唱會。記得那晚，低溫六度、有風有雨，卻發生了不少動容的故事與回憶。

二〇一一年，我們班打算要到大陸南京行知小學校際交流畢業旅行，這一次，我們錄製了《水源的孩子2》專輯CD及生活卡片，並到淡水老街義賣我們的CD及卡片，重要的是，大家一起用歌聲留下共同的記憶，也藉此讓孩子們有不一樣的學習，因此有了淡水老街的演出。

《水源的孩子和杜老師》專輯，收錄了我在水源十年每一屆學生的聲音，曾經入圍過金曲獎。二〇一一年錄製了《水源的孩子2》專輯CD，除了校歌〈水源的孩子〉、〈水源的畢業歌〉外，還包括：〈天堂〉這首歌是新北市配合教育部課後攜手計畫的主題歌曲，陳玄謀校長寫的詞；〈如果有一天〉是八八水災那年，我到屏東救災，回到淡水後，心有所感，寫下了這首歌；〈濕地飛翔〉這首歌是陳木城校長爲濕地教育所寫的詞，八里環教中心開幕時發表了這首歌，後來重新錄音，希望孩子能展翅飛翔，用不一樣的眼光看待自己和世界。

至於生活卡片，傳達的則是教育需要「等待」。這是屬於水源在地的生活卡片，主要是希望孩子們十年、二十年後，旅居他鄉，遠在異地，在關鍵時刻，如果能收到當年共同製作的卡片，或許就會喚起一些記憶，產生一些影響。

行知素寫

教育總要有一些理想性，二〇一一年的春天，大陸南京行知小學之旅終於可以成行，「讀萬卷書，行萬里路」，就讓我們打開心胸、開啟眼界，走一段「知行合一」的道路，你走在前頭，孩子們將尾隨你而來，忽前忽後，相伴而行。

歲末的生命交會

歲末年終，總會讓人有一種回歸總結的心情，也常常會收到一些祝福的訊息。二〇一七年初，舊曆年歲末春節前，我收到了第一屆畢業生的來信，她已經畢業二十年了，這封信勾起了一些塵封已久的回憶，帶我走進了水源的時光隧道。

Dear 杜老師，

今天回學校，感覺好像又不一樣了。

看了老師、看了學校、也看了小朋友……才發現，我真的又太久沒回去了。其實很感謝老師曾經的教導，那段時光，的確是我最快樂的回憶。獨自在教室看影片時，順手把金門行的片段拉快，跳到後面的水源生活演唱會，因為那一場我沒能參加，所以我又好奇又想看……結果讓我看到了許久未見的同學，真是驚訝萬分！後來在茶話軒又看了一看幻燈片的說明，竟然會有我！重點是還穿扯鈴服~=~更激起我想看看以前舊照片的好奇心了……

聽著影片中的歌聲、老師與小朋友的歌聲，讓我又再次地起雞皮疙瘩……每次久久聽一次這些曾經唱過的歌，總是會有這樣的反應……這雞皮疙瘩並非壞事，它只是代表著我心中那份存放已久的感動又出現了！

曾經在一起的大夥，今天的各奔東西；曾經在學校待過的每一個角落，今天的變化快速；曾經共同生活的老師，今天的溫暖依舊；曾經的許多曾經，已烙印在每個人曾經的心中了。

喜歡老師的奔放自然，喜歡老師的隨心所欲，喜歡老師的幽默風趣，更喜歡老師的無微不至。

每當在看書或看電視，總會無意中地發現那驚喜；謝謝老師送我CD、DVD與那本書……

我想那些回憶都會是我們大家永恆的感動！

因為有您辛苦地一路耕耘，有您堅持地長久守候，水源才會一直都是我們的家。

心中有許多感觸，也有許多感謝；無意之中，原來我們大家都長大了……

我們的長大，希望可以帶給老師無比的欣慰與溫暖，也希望我們每個人未來的發展，可以帶給老師那麼一點點的幸福。

其實還有好多好多話想說，但卻已經不知該從何說起了。我想，只要我論文寫不出來或找不到靈感時，肯定會再度拿起CD開始哼唱我們以前唱過的歌。

謝謝老師創造的這些回憶，讓我們到現在還是很念念不忘。我想，老師真的成功了！

我也希望以後可以像杜老師、像淑文姊姊一樣，把這種班級經營與和學生的相處模式學起來，這樣我應該會教的比較快樂吧！

祝安

阿素敬上

阿素是我第一年教書的學生，現在她已經是國中老師，這封信讓我想起了當年創作〈水源風光1〉童詩的阿焜。當年阿焜在作文簿寫了〈水源風光〉這首童詩。我看了很感動，在宿舍昏黃燈光下譜了曲子。隔天作文課，班上的孩子唱了這首歌，我發現了阿焜發亮的眼神。

後來我知道阿焜的身體不太好，和阿焜聯絡，有了下面的對話：

阿焜的信1

杜老師好！

醫生基本上沒有說啥重大的事情，只是叫我多加件衣服以及少吃一些東西。光碟的影片我有看了，不知道為何，沒有太多的心情起伏，有的是幾分的懷念而已。話說淑文姊姊最近好嗎？上次你們來家裡，一時之間有點呆了，沒有問候淑文姊姊，真是抱歉！

最後祝老師、淑文姊姊事事順心

阿焜

〈夢想水源——大屯上懷念家園〉

春風渡　陣陣回憶　十年前如當面笑語
迴風引　水源涓涓　十年後依舊細長流
步步走過榕樹旁　依舊懷念
漸漸遠　逐逐長　過往不復　仍是幸福
蜻蜓點漣漪　水波起又停
溢溢情　深深唱　學年屆屆　傳出新語

水源地耳語校園
秋風送　真真感情　十年間星空下作夢
冬風後　演唱響響　十年見同學誰是誰
數數人少了幾位　無怡心酸
歌歌誦　詩詩吟　合聲少誰　過往雲煙

校園有笑靨　嬉鬧學習後
動物園　甜水井　美麗首首　燦爛歌聲

阿焜，你的新詩寫的很棒，老師看了很有感觸！希望你繼續相關的寫作！淑文姊姊很好，出了幾本書，你有空可以到學校來走走，最近天候多變，要多注意身體，有時間再跟你多聊一聊。

附上阿素前幾天寫給老師的信，你可以和她聯繫。另外，這個星期六上午老師受邀到台北師院演講，如果你有興趣可以一起來。杜老師。

阿焜的信2

杜老師好：

於老師邀請我去聽演講的事，我想我只能婉拒。倒不是因為路程交通之類的原因，而是我已經不像小時候那麼勇敢、積極說話了。不知道是不是太在意別人眼光，還是怯弱的個性使然，我漸漸變得寡言許多。回憶以前上台演講的時候，真是有幾分傻氣跟活力啊！

這幾天反覆聽了不下十次的音樂，想到了以前一件趣事。或許老師對我印象最深的是作文〈水源風光〉吧！但是在更早之前，我對老師有一件到現在還忘不了的事！

那就是以前要為校園的樹木做一個個專屬名片，總是有許多想法的我，卻沒辦法用靈巧的雙手做出來。我很努力地想了一個自認為很棒的想法，畫了一隻青蛙，但是，青蛙卻是稜稜角角的、一點都不好看。不過老師最後在選擇的時候，居然把我的醜青蛙跟別的同學的綿羊拿到同學面前選擇。

雖然大家青一色地選了綿羊，但是我真的很高興！因為我的創意並不是就這樣沒人知道。我的青蛙吐舌頭、吃蚊子的想法，居然有人看到了！以前不管是蠟筆、彩虹筆作畫；還是黏土、紙黏土創作，做的都跟我那歪七扭八的字一樣，得到的分數都是七十幾分。雖然已經習慣了，卻又常常難過自己的笨手，總是做不出我想做的東西，尤其看到同學的巧作，我總是不想把美術作業以及作業拿回家給爸媽看。

這件事我想在老師去演講前，先跟老師說聲謝謝！

我為這件事寫了下面的詞：

〈我的青蛙〉

巧巧的頭腦　憨憨的手　想東想西想新奇
水水的想法　醜醜的畫　做來做去做不成
自信創意無人比　作品怪怪也算奇
邊做邊疑是什麼　不像頭殼裡那美
角角的田蛙　大大的嘴　四肢歪歪像酒醉
長長的舌頭　瘦瘦的身　蚊子肥肥像蒼蠅
邊做邊疑是什麼　不像頭殼裡可愛
巧手妙筆不敢比　作品笑笑也算美

阿焜

阿焜：你真是太天才了！

其實你的文字掌握能力，遠遠超過你的書寫能力！現在透過電腦打字，你的字跡應該不是問題了！反倒是你的創意，相信應該也是源源不絕！只要你靜下心來，相信會有很多的好作品才是。

你所說的青蛙事件，我早已沒有清楚的印象！不過很高興能聽到你告訴我這件事。

時間是個魔法師，人需要沉潛、需要累積。老師相信，你這段不一樣的人生體會，在未來也將是你生命的養分。星期六的演講，你不用上台，只要靜靜地在下面聽就可以了，老師真誠地邀請你喔！等你的回覆！　杜老師

後來阿焜身體不太好，我也就沒有勉強他，只是心中泛起一些些的漣漪。

再會阿焜

二〇一九年在我生日前夕，得知我的學生阿焜走了，心很不捨。阿焜是我到水源第一屆的學生，這麼多年過去了，我的第一首創作曲就是他寫的童詩〈水源風光〉。小學畢業十幾年後，我找到阿焜，拿了公共電視台支付的版稅給他。當時他身體有些狀況，建議他要積極看醫生治療，後來幾年有再跟他聯絡，通了幾封信。

二〇〇五年「水源十年。生活的歌」演唱會，阿焜上台的影像，當時他應該已是大二的年紀。今晚又看了內容，無限感傷。希望阿焜一路好走。

什麼是「學生」？學習生命大事！？什麼是「學死」？學習生死大事！？

什麼又是「學校」？

這些年來，生活中由於受到這些學生的感動，觸發了我用各種方式記錄這些相處的點滴。從唱歌、作曲、寫字作畫，到種菜、泡茶、扯鈴國術，都成爲我們之間情感交流的默契，也成爲迴盪在我們之間，觸發彼此創作的動力與回憶。

「水源十年。生活的歌」阿焜上台片段。

就像班上小朋友智傑所說的：「有歡笑也有悲傷，才是眞正的學校。」我想，在教育這條路上，我們都是一道成長的師友。

有歡笑也有悲傷，才是眞正的學校。

生命教育另一樂章：學會離開

每個人都會離開，不同的只是時候。

二〇一六年歲次丙申，屬猴，羽音（水）太過。這個年，經歷了一些事，讓我過得很有一種世代交替的感受。對我而言，這個年除了有我的故鄉台南因爲地震造成的傷害之外，接續有三位我生命中的長輩相繼離去。

二十年前我來到水源國小，帶的第一屆畢業生陳俊宏——寫水源畢業歌的其中一位，當年他奶奶全手工縫製做唐裝，做了幾件送我。過年前幾日，奶奶以百歲嵩壽離開人世。

我高中求學時代，住在一位長輩姑丈家，當年受他們照顧很多。出社會後我北上教書，甚少回台南老家。今年姑丈身體狀況不佳，我本想於年初三去看他，但他卻在初二半夜病危，進醫院後病逝。

我的指導教授袁汝儀，在今年年初三於台北仙逝。她三十年教學、研究、服務，桃李滿天下，學術友人超越國界，社會服務朋友處處相挺。對每項角色都盡心竭力，窮其畢生時間精力，追求完美。最後十年，重重壓力讓其病痛纏身，她仍忍著疼痛繼續奉獻，無暇養身養病，終在六十三歲鞠躬盡瘁。

她是我生命中的老師。在我投入教育於北教大培訓的年代，並未修過袁老師的課，我是利用其他時間偷偷去旁聽老師的課。多年後，我在水源國小教書，有一天接到袁老師打電話到學校，邀請我回北教大母校跟學弟妹們分享教學，當時袁老師並不認識我，我跟老師說曾經上過她的課，她沒印象。我又告訴袁老師，我從沒有演講過！她說：沒問題的！她透過別人的介紹，知道我在學校做的一些事情。我一口答應老師，回母校分享了那些年和水源的孩子們在生活中教學的點點滴滴，就這樣開始了和老師的進一步緣分。後來「全球藝術教育網」華人專業交流平台，以及「藝鼠」每月藝教公共論壇創辦發起時，也在袁老師的帶領下共同參與。

二〇一六年二月六日過年前夕，台灣南部發生大地震。我的老家台南受創嚴重，很多人經歷了生離死別的痛苦與折磨。除夕當天我回到台南老家，家中一切平安，只是缺水，大過年的沒水很不方便，但相較於那些受災的種種，已經夠幸運了。

這個天災從震驚、救災，經歷生離死別、傷心難過，也看到聽到很多台灣人的熱血與感人的故事。更看到了一些從國土規劃、建築結構安全、建商良知、如何逃生等等的討論。這些都很重要，不過我要從「如何離開」這樣的觀點來談一談。

我們每天隨時隨地都在從一個空間離開到另一個空間，一早出門，從家裡到車子、工作場域的教室、辦公室，因著時間的推移，在室內、戶外種種的空間轉換。其實，我們隨時都在「離開」！離開人事物，有些是短暫的離開，有些則是永遠的生離死別。嬰兒離開父母時會哭、拿走他的玩具時會鬧。長大後離開家鄉，不管是爲了求學、工作還是結婚，離開故鄉、離開心愛的人，在心頭總會觸動一些感受，而男女朋友分手離開則常常經歷了力道強烈的衝擊，其中最難過的離開應該是面對親人的生離死別。

如何面對離開、好好地離開、減少傷害困擾和麻煩，甚至不要傷害，尤其是男女感情問題的處理，當然是重要課題。而面對生離死別這樣的生命大事之前，一切的紛擾似乎都變得不那麼嚴重。如何讓自己的心更寬廣，從中學習面對周遭親人的離開，從袁老師留下的囑咐中，我有了一些觀察。

全球藝術教育網的短訊中有這麼一段提醒：

華人藝術教育田野研究的先行者、卓越的藝術教育學者、兩岸藝術教育學術交流的重要推動者袁汝儀教授，於二〇一六年二月十日二十三點五十分在台北仙逝，交棒給更多的藝術教育愛好者。台灣藝術教育界深切緬懷袁汝儀教授對藝術教育的貢獻，分享她的學術成果，對她的仙逝表示沉痛的哀悼！

若您要在袁老師的田野研究筆記本（每人一頁）簽名、留話、畫圖、追思，請於二月十五至二十一日間，電話連絡黃老師（0921-***-***），安排探視袁老師牌位的時間，請空手來回。（拜託預約，因空間小、一次只能一人，停車不便。）

袁老師說：不擾人、不公祭、只火化海葬。

我過去探視袁老師牌位時，師丈黃老師談到，雖然袁老師做了一些事，若有學生要辦理相關的活動，希望不要將袁老師神格化，學生要對師長表達感恩，寫些和袁老師相處的經驗還可以，其他還是依袁老師的交代。

從李雙澤到袁老師

袁老師指導我的論文：《唱自己的歌——探討李雙澤在台灣民歌運動中的意義》。近日來我心中一直有個聲音，出現一首歌。這首歌叫〈心曲〉（詞／徐訏 曲／李雙澤），由李雙澤——民歌先鋒、一位傳播時代信息的歌手——所演唱。

我用三分心盛血　還有三分心盛淚
留有四分盛光明　來日充當你心燈的光輝

那麼請你說聲是　莫讓你我的心兒枯萎
那麼請你說聲是　莫讓你我的心兒枯萎

一九七〇年代，台灣掀起一股創作、演唱自己的歌的「民歌」運動風潮，歌聲從起初的大學校園內，越過圍牆，唱遍社會各個角落，甚至成爲這個時期國語流行歌曲中的主流。雖然這樣的「民歌運動」陸續發展，曾經也有過高潮，但是沒幾年光景就邁入沒落的命運。在這樣的發展過程中，李雙澤於一九七六年十二月三日、淡江學生活動中心舉辦的民謠演唱會中，帶著可口可樂上台「鬧場」的演出後，由淡江校園刊物對於「唱自己的歌」便開始了一場論戰。

在一九七六年十二月三日「淡江事件」之後，李雙澤積極投入創作「唱自己的歌」的行動之中，其中最常被提到和傳唱的就是〈美麗島〉和〈少年中國〉兩首歌。李雙澤是「民歌」啟蒙的關鍵人物之一，不同的人從不同角度闡述著李雙澤。其影響重要的不在他的作品，反倒是受其影響的人所傳遞的那一股力量，幾十年了還沒結束。他爲台灣的「民歌運動」

扮演著「民歌先鋒」的角色，成爲一位傳播時代信息的歌手。

〈心曲〉這首歌是李雙澤在一九七二年所創作的第一首歌曲，擷取自徐訏《燈籠集》中的詩作〈寄〉。從簡短的歌詞中隱然透露了他用心點亮自己的心燈，在未來成爲照亮他人心燈的光輝。以三分盛血、三分盛淚、四分盛光明的生命，短暫卻永恆地發光發亮，生命雖然消逝，卻在民歌的天空中如流星般畫出了一道閃耀的光亮，唱出了自己的生命之歌。以著他熱忱的生命力，「用力敲鐘，大聲說話」的精神，像是開路的先鋒，展現他粗獷及開創性的感染力，參與著台灣「民歌運動」的發展。

袁汝儀——華人藝術教育田野研究的先行者

袁老師治學甚嚴、嘔心瀝血、追求真理、藝術理論與實踐並重。她臨終前仍念念不忘華人藝術教育的發展前途。可惜天命難違！

其實袁老師，亦如〈心曲〉的歌詞所言，用他生命的光輝綻放著永恆的「光明」，以著她熱忱的生命力與多方位的感染力，影響著華人藝術教育的發展。她站在「藝術教育的基點」，扮演著推動「兩岸藝術教育學術交流」的角色，「唱出自己的生命之歌」，成爲在這個時代裡，藝術教育田野研究的先行者。

袁老師是全球藝術教育網「藝鼠」藝術教育公共論壇創辦者兼主持人（一九九九年起），多年來默默地在社會的一方田地上，耕耘一塊自由發表與討論藝術的花園，持續不間斷一到十二月、每個月最後一個週六下午兩點到六點，以藝術款待每一位內心懷抱熱情與夢想的朋友。我們沒有宗旨、目標、營利、規章，所有參與過藝鼠講座的朋友，就稱呼你爲藝術的「鼠友」。

兩年前袁老師請我爲「藝鼠」十五週年寫首歌，創作的時候，唱著唱著就想起了袁老師。記得當時袁老師身體狀況已經不適合出席公共場合，我們就在「藝鼠」十五週年唱了這首歌。

〈藝鼠之歌〉（聆聽風的聲音）詞／藝鼠們　曲／杜守正

聆聽風一樣的聲音　感受那藝術寬廣和多樣

懷抱著熱情與夢想　我們相遇在一九九九
來到這裡的朋友　無拘無束　自由交流
不分彼此　平等自由　肯定創意　細水長流
跟著我們一起搖擺　飛向未來　出出入入　來來去去　古今和中外
我們是傳播藝術的種籽　也是教育的園丁
雖然沒有五光十色的絢爛　卻有著小眾多元　純淨的光亮
不管你現在在不在　想起的時候記得回來

「歌」是看不見的人的心，也是看得見的人的心。

天下無不散的筵席，是袁老師最後一幅油畫創作。袁老師已經走完了她的豐富而具影響力的生命歷程。接下來我們應該想想，如何處理自己臨終那一刻的離開，想想離開後要留下什麼？自己現在又該做些什麼？

每個人都會離開，不同的只是時候。

〈藝鼠之歌〉收聽連結

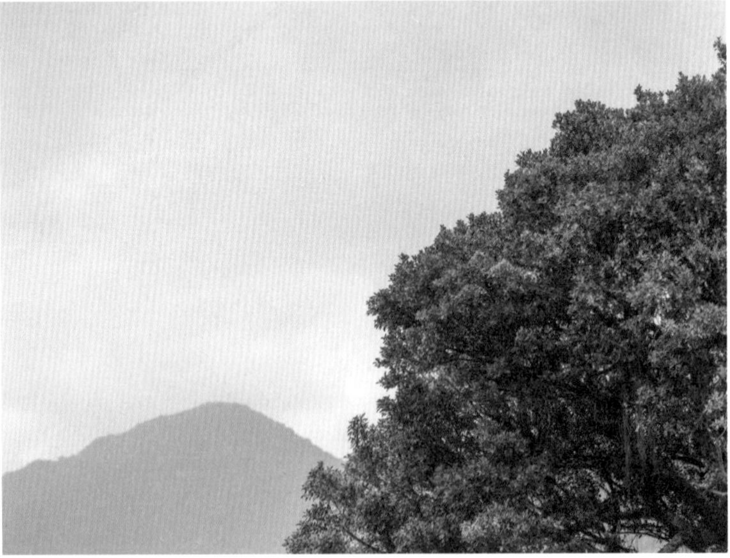

大屯山山腳下的水源國小，許多因感動而互放的光芒在這裡交會。

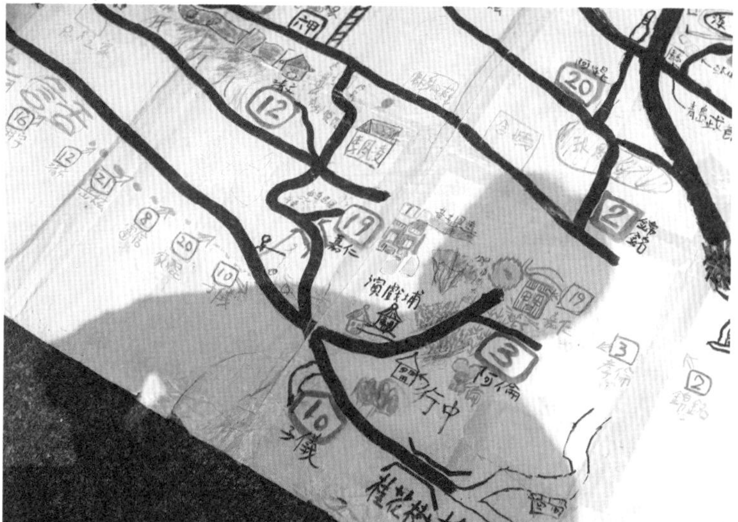

杜老師保留了 30 年的教室佈置。

尾聲，餘韻

走一條穿越時空的教育之路

教育就是發現：我是誰？

教育就是關係：我從哪裡來？

教育就是感動：我要到哪裡去？

一、教育就是「發現」：我是誰？

教育就是發現！發現什麼呢？發現我是誰？發現自己的「天命」。老祖宗將智慧藏在文字裡：以形藏理、以音藏意。

每個人都有個生日，生＋日＝星，就是說每個人都是一顆星辰。

星：星辰，每個人都是宇宙中獨一無二的一顆星；**行**：做，眞「行」的人，才是「眞行」的人；**省**：反省、覺醒，教育要能自覺、自省；**性**：天命之謂性。

《中庸》云：「天命之謂性，率性之謂道，修道之謂教。」

「天命」之謂性：天命就是「天的口令」，就是「性」。什麼是「天的口令」呢？就是四時節令、宇宙的運行。每個人天生下來就各有各的特質、天性，有些人的質是小草，有些人是花、是大樹，小草不可能成爲大樹，大樹也不可能長成小草，此之謂性。

「率」性之謂道：這個「率」一般讀作「率性」，在此我認爲應該讀作音樂旋律的「律」，也就是圓周率的「率」，3.14159……，在天地宇宙間，順著像彈簧一樣的軌道，無窮無盡地旋轉！旋之又旋，玄之又玄。順著自己的天性、特質，長出自己該有的神采風貌，這叫率性。也就是小草就長成小草；杜鵑花就長成杜鵑花；大樹就長成大樹，無關乎生命的長短，不要以杜鵑花的美麗來看不起小草，重要的是小草有沒有長出小草該有的神采；杜鵑有沒有長出杜鵑該有的風貌，這就是「天命之謂性，率性之謂道。」每個人依自己的天性，活出像樣的自己，這種生命的完成就是「道」。

「修道」之謂教：「修道」就是提供環境與養分、適時、適性地引發。有的人天生是一棵小草的料，你給他再多的養分，他也不可能成為大樹、成為杜鵑花。其實，就讓小草是小草，杜鵑是杜鵑，大樹是大樹。依其本性，依其時節，該給水的時候給水，該照陽光時給陽光，水分養分雖好，但是，水太多會淹死，陽光太多也會曬死，過多的養分更是負擔。人的教育亦然，你只要提供一個適合的環境，適時的給予養料，引發他內在本有的生命力，長出他該有的自信和風采，這樣他才能眞正活出他自己，就是「教」。所謂的「適性」，就是「發現」他的天性，長成他該有的樣子。

二、教育就是「關係」：我從哪裡來？

教育的關係是一種「聯結」。從血緣上來說：上有祖先、下有子孫；從自然上來說：上有天、下有地，人居其中；從教育現場來說：上有先賢、下有學生。我們居其中，擔任上下聯結、承先啟後的樞紐。

禪宗有個公案「拈花微笑」，我則喜歡說「拈草微笑」。在一些場合中，我常會問：請問你今年幾歲？十歲？十八歲？四十歲？五十歲？我再請問：你身上有爸爸媽媽的基因細胞嗎？當然有！有祖父的祖父的祖父……的基因細胞嗎？當然有！所以，請問你今年幾歲？恐怕是千年老妖怪吧！可能還留有恐龍大便的基因細胞呢！因此，每一朵花、每一根草，都藏有亙古以來的細胞因數，穿越時空而來！每個人都是！正所謂「萬物一體」。

三、教育就是「感動」：我要到哪裡去？

感：就是「咸心」、「同心」，就是同理心。

要如何才能觸動心弦呢？其實人體就是肉體、就是月體、就是樂體，人的身體就是一個樂器。爲什麼會生病？因爲音不準！音不準怎麼辦呢？就「調音」啊！透過經絡穴道的針灸按摩、推拿導引、練功養身、飲食養生、音樂療法等等，或是種菜、做木工、大球、喝茶，甚至是吃藥都是在調音。

身體生病要吃草藥（南方火的樂到東方木去吃草藥）；心理生病怎麼辦？解開心靈的鑰匙，也是靠音樂（北方水的龠到西方金解開心靈之鑰）！

南方的樂是古琴、北方的龠是一種骨笛，如：簫、尺八，兩者都是樂器。

我們要如何讓樂器的琴弦發出聲音呢？很簡單，就用手去撥動它就可以了呀！但是，心弦根本碰觸不了、撥不到啊！要如何才能觸動心弦呢？其實只要調整成跟它一樣的頻率，靠近它不用碰觸到它，就能同頻共振！用教育語言來說，我們蹲下來和孩子說話，就是調成和他們一樣的頻率，這樣才能共振、共鳴，才能感動他們！這就是「同理心」。

一、動：重＋力，就是牛頓的「萬有引力」。「萬有引力」的「引」者，音也。就是聲音、就是波動、就是能量。

聽得見的是「聲」；聽不見的叫「音」。

樂（樂）
身體生病
吃草藥（藥）

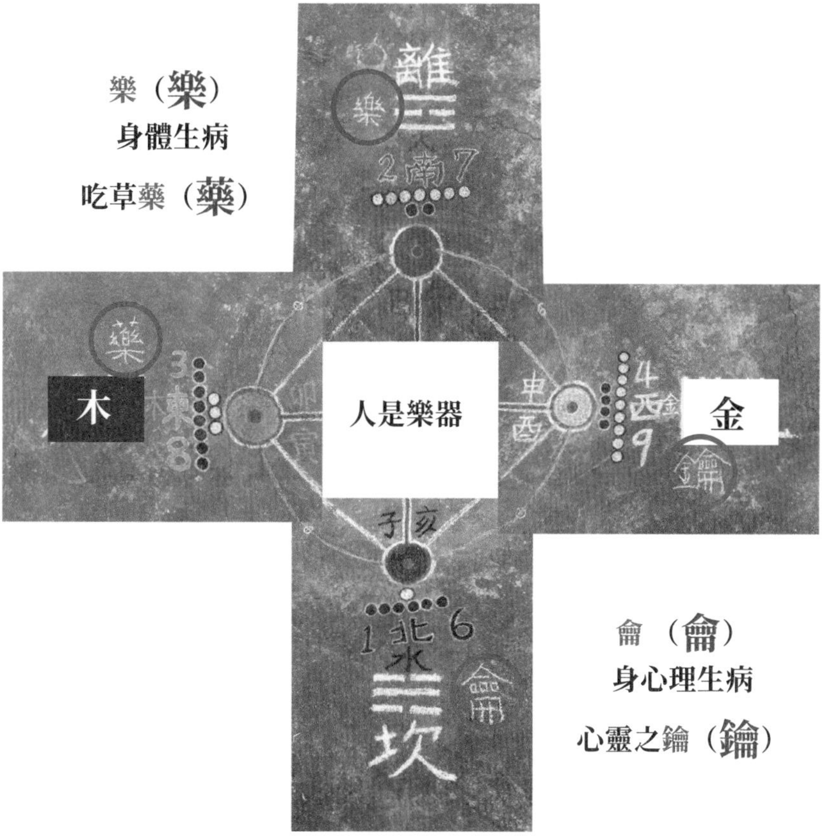

龠（龠）
身心理生病
心靈之鑰（鑰）

聲音就是波動、能量、就是「引力」。日本量子力學博士江本勝先生的ＩＨＭ水結晶實驗告訴我們「生命密碼水知道」。我們知道地球有百分之七十的海水，潮汐受誰影響最大？沒錯，就是月亮！太陽雖然體積較大，但是離地球較遠。人的身體有百分之七十的水，無時無刻不受月亮影響、不受太陽影響！不管是太陽或是月球的引力隨時隨地影響著每個人，太陽不會因爲你是好人就照亮你，你是壞人就不給你陽光。同樣地，月亮對潮汐的影響之外，對身上百分之七十是水分的每個人也同樣給予引力，深深地影響萬事萬物。這是聽不見的「引力」。

《黃帝陰符經》：天有五賊，見之者昌，五賊在心，施行於天，宇宙在乎手，萬化生乎身。其實《黃帝陰符經》就是《黃帝音符經》。陰：音（陰暗），聽不見，看不見的。就是立竿測影、太陽之引力。符：合也。天機暗合於行事之機。所以，嬰兒剛出生時，手是握拳、拇指手抵勞宮穴，形成圓（體），應五行，幾個星期後張開手，變成方（用）。

宇宙在乎手

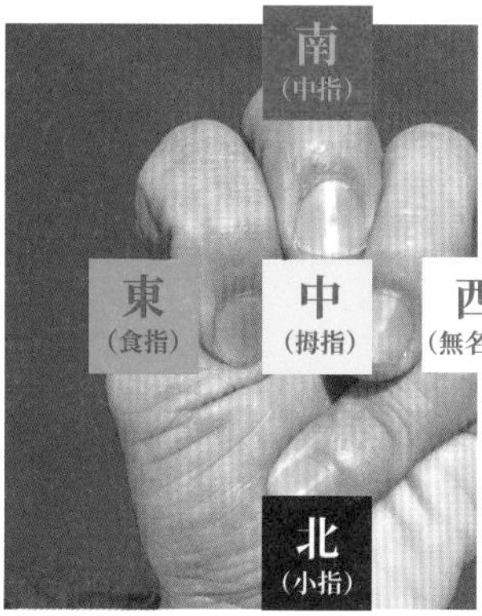
南
（中指）
東
（食指）
中
（拇指）
西
（無名指）
北
（小指）

（體）圓轉方（用）

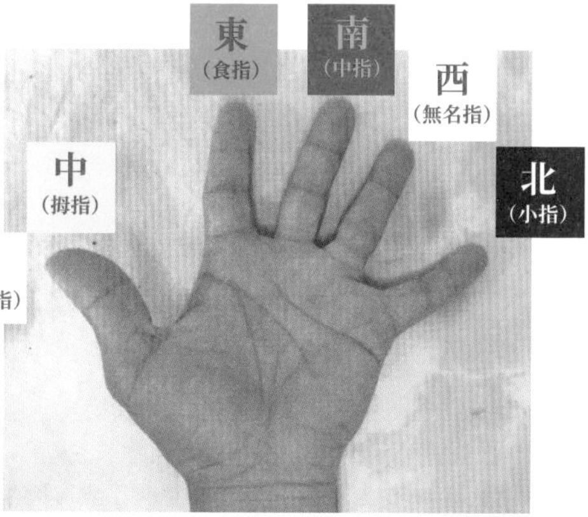
東
（食指）
南
（中指）
西
（無名指）
中
（拇指）
北
（小指）

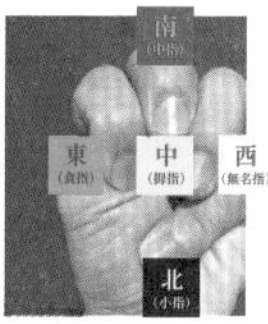
南
（中指）
東
（食指）
中
（拇指）
西
（無名指）
北
（小指）

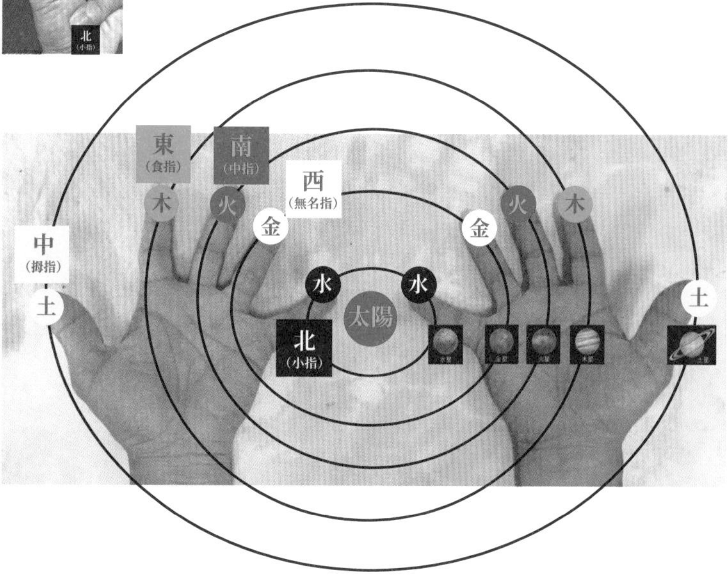
東
（食指）
南
（中指）
西
（無名指）
木
火
金
中
（拇指）
土
水
水
太陽
北
（小指）
金
火
木
土

那聽得見的在哪裡呢？就是「音樂」。我把它叫做「聲音的果實」。這是教化人心的關鍵！老子說：「大音希聲！」無形看不見、聽不見，卻時時影響我們的才需要特別注意！就像身教一樣！

二、動：行動、知行合一。

行＋知＝「彳矢口亍」

教育家陶行知先生曾到西方取經，回到中國後，配合國情文化、融合王陽明「知行合一」的理念，提出了「教學做合一」的方法論。他說：「我聽見了、就忘記了；我看見了、就記得了；我做過了、就理解了。」並在一九二七年創立生活教育學說。陶行知將行知合一，創了一個字，讀作「幹」，有幹勁。意思是說，就做吧！Just do it！

「我是誰？」「我從哪裡來？」「我要到哪裡去？」

我決定走小學教育的路，自己成長，也爲下一代的成長做點事。生活有了意義，生命也有了延續。

教育者對生命意義的領悟，決定人類的未來

這是一條穿越時空的教育之路。我知道，未來一定有很多的困難，但是，《易經》困卦有一爻「臀困」，意思是坐在那邊想，那個困難有多困難，是全天下最大的困難！

所以，就做吧！Just do it！

做對的事！做對社會有意義的事！

困卦

懷抱著理想，一路走到現在，暮然回首，當年的理想依舊，其中有挫折、有低迴、有愴然、有興發；也有肯定、欣然、狂喜與沉潛。我相信一切將因著各種機緣與努力，在往來的日子裡，水到渠成，隨順自然。

這就是我。

我

杜守正

do so right

讀後記

他是個「教人」，不是「教書」的老師

——讓孩子活得像個人・活出一個更好的自己

◎鄭端容（國寶級校長、台灣「開放教育」領航者）

當年，我初次冒昧造訪，是因爲聽聞淡水區水源國小王華芬校長提及她的教師同仁守正老師的班級經營之精萃。

我想，這或正是我一直在摸索，卻又常陷入在現實迷津中的「爲什麼教育、什麼是教育、怎樣教育」這大哉問可得解惑的一支金鑰匙。

當時訪問守正老師談了些什麼，時隔這幾十年，具體的種種已然忘記，但是這位小我三十五歲的少年老師，讓我看到他所想和所做的是有哲學和人文做底蘊的班級經營。守正老師所呈現的正是我所嚮往的基礎教育應有的樣相。

我看到的是一位不是只在依科目、依教材、推進度的教師。我感動我欽羨！只是水源與我所服務的地方相隔太遠，又工作上不會有連繫，便也很少見面。但每次見面都歡談深談，不有些許的陌生。

這次見面再問這些年來的種種，才知道守正在社區、在各領域所奉獻的種種努力，說明著守正的才華和人品。讓我心生滿滿敬意。

我央請守正送我他的文稿，我想更深認識他教育經營中的哲學的內在。守正應我的央求，寄來《把孩子種回來》的文稿。我一開頁便無法停歇，徹夜讀完。好看！

書要吸引人忘我的沉迷：第一就是要**好看**。

我看守正這書就好像在追劇，但又饒富閱讀的樂趣。

再就是要**眞實**。一個完全投注在孩子、身心都與孩子同在的教師才有可能把人、事、時融會而奏出的史詩般的故事「記心記肝」(台語啦！)地記錄下來，沒有些許的虛華。

再就是**動人**。守正知道每個孩子的心。神注定必須群居的我們這群稱爲人的動物，在「班級」這個小社會中，如何理解並處理與調適「我與他」之間的喜怒哀樂愛恨情仇，使具備所以爲社會人的規範、文化價值，如：道德、學問、藝術、經濟、政治、宗教。

每個故事都在這向度裡發展。不是編的劇本演的戲，所以動人。

我佩服守正的教育觀，在根本上就立足於一八九七年保羅．高更《我們從何處來？我們是誰？我們往何處去？》那一幅拋出曠世探討「自己生命的由來與該活出怎樣的生命」的大哉問，守正以此儆醒自己並把握應如何豐富自已的以及學子生命的方途。

我也佩服守正分析每一個人生來便必須面對的世界。根據守正的分析再加上些許整理補充：知道「人」必須面對的環境因素，也才知道該爲他儲備什麼樣的能力。

於是我體會到「少年禮」這儀式所內涵的教育價值。我想：應該是要讓孩子意識到自己的存在價值並了解生命的可貴，激發孩子珍惜和追求自己和社會生命的豐實。

少年禮好比讓孩子爲自己生命的火把點上了火。

最近一次相聚，守正說了一段話，他說：成人禮、少年禮，這個「禮」如果沒有長在孩子身上，融爲孩子的身心靈，怎可稱爲「禮」。「禮」要長在孩子身上才算數！

看著守正的作爲，我想起一句很適合論證守正的教育觀：「**教育是人教人使成爲人**」的過程。

第一個「人」、第二個「人」，未必只指教師對學生，指的是相遇互動的每個人彼此。教師教學生，教師受教於學生，學生互動教彼此，全都在互動中成熟彼此的生命力。

第三個「人」指的就是具備並增長如：內省、倫理、規範、謙卑、信仰等「認知性與非認知性」能力兼具的所以爲人的人了。

（「認知性能力與非認知性能力」引自大竹文雄解說、古草秀子翻譯、東洋經濟出版社出版《幼兒教育的經濟學》。）

守正體現著這理想，也從來不歇息地邁向這理想。守正多才多藝，熱忱又肯付出，對中國思想史的蘊蓄深厚，讓我一個字形容守正，就是「美」。

當年守正通過國民小學校長的甄試，也完成候用校長班的儲備訓練，並也調教育局歷練二年，只待分發學校就位校長職務。

有一天來訪，述說分發所遇困境，萌生調回教職的意念。我自已擔任校長職務二十三年，深深體會更富理想性格的人，在現時的情況下任職校長，也許會有更多挫折，當下我就贊同他放棄校長職位。守正便回任水源國小教師。

我常私自檢討，對一個年輕朋友在人生路的轉角處竟以私見影響，深自不安並反省。今天，看到守正得其所哉的喜悅和成就，我加倍祝福並感謝神。

小學的運作大抵分兩個系統：一是專業系統，一是管理系統。專業系統是負責教育、教學，追求教育的成果。而管理系統則負責整備專業系統教學所需，兼有考核和管制教育效果的責任，並負責「學校」這事業體一切涉外事務。

在現時如此複雜的環境條件，學校校長一職，對一個能力與氣質偏在理想性的人毋寧是加倍辛苦又未必能遂其志的途徑。

今天看到守正終於可以揮灑自己的才華，造就自己的理想。我安了心。歡喜和祝福也倍加。

我很想邀請正在空前壓力下辛苦著的國教教育伙伴看這本書。

我們可以看到守正怎樣讓自己和孩子、和學生家長、和社區融合，形成一起成長的一個小社會體系。我們工作的地方不同，環境條件當然也各異，我們並不是要依樣畫葫蘆，而是希望從中獲得一些啟示啟發，讓我們也做一個樂在工作中又更能增長工作效率的教師。

讓我們來分析「一起籌措金門行經費」活動的全貌：

・「到金門去」不是某人的突發奇想也不是配合學校「校外教學」的行事。

・守正教室裡貼有一張地圖，標示的是班上每個小朋友每個人的「學校到他家」的路線圖。

・這張地圖是全班小朋友一起從學校出發，步行到每一個小朋友家，而後共同作業製成的。

・若全班共有二十八個小朋友，這張路線圖便是有二十八個點、二十八條交相會的「我們的家」地圖。

・學期中來了一位轉入生，這位小朋友來自金門，他在水源有家，這「家」很好入圖，那他另一個家在……我們是不是也可以一起走一趟，來成全我們這一張地圖？

．於是有了「全班金門行」的發想。

．「金門行」第一要考慮的是每人六千元的高額旅費。就他們這班級社會體系的文化而言，家長是可以商量的。但是，也是這班級社會體系的文化，師生決定「自籌」。

．怎樣籌集這龐大經費？這一班級的文化很富藝術氣質，小朋友常將日常的感受、情意以童詩表現，守正則賦曲並彈吉他，大家一起，演唱又起舞。

．他們決定到淡水的人氣熱點演唱表演自己的歌。老師彈吉他，孩子們歌舞，家長照顧並服務。

．這活動立刻成爲最熱話題。於是很多個人與企業願意捐獻，他們感謝但敬謝。他們要自力完成計畫。

．他們成功地具現了金門行的想望和計畫。

這只是守正在教育現場千百個作爲中的一則實例。可已證實並體現「課程是形成的」

這課程理論的核心理念。

同時也證實並體現了最新的部定小學課程標準所指向的學習最高原則「自發．互動．共好」。

我建議，我們是不是各自或進修小組一起，也就這一個例子，來找出孩子從中所獲得的「認知性能力」和「非認知性能力」，那麼，相信我們的教育作爲必定可以在自信與成就中獲得更大的幸福感。

守正附註：和端容校長的相遇是在二十多年前，當年這個從生活中長出來的「少年禮」才剛剛成型，水源國小王華芬校長在一次讀書會中分享了「少年禮」課程，因爲這個機緣，當時已是台北縣資深前輩的端容校長，親自到學校宿舍來找我，深聊教育並多所提點，這樣的行誼，給我這個如毛頭小子般的初任年輕老師，極大的感動與鼓勵！

前幾天，我特地前往拜訪這位已經九十高齡的老前輩，請託她撰文推薦，雖然這二十年多年來，我和鄭端容校長只見過幾次面，卻是我教師生涯生命中深刻感動的貴人。

特別收錄

「水源十年。生活的歌」音樂演唱會

——杜老師用生命帶領生命的實踐

◎黃淑文（心靈作家、杜守正老師太太）

緣起：辦一場關於教育的演唱會是杜老師的理想

音樂會不見得是職業專家做的高水準演出。

水源國小杜守正老師帶著一群水源的孩子，在三月十二日（二〇〇五）舉辦的演唱會，就是一場超越技巧，具有生命力的音樂演唱會。杜老師來到水源整整十年，他把十年來在這塊土地生活的歌曲，錄製成《水源的孩子和杜老師》CD專輯，其中〈水源的孩子〉這首歌還成爲水源國小的校歌。CD的封面題字是由杜老師班上一位智能不足的孩子所寫，稚嫩的筆跡藏有一份生命的純眞，封底則是由十年前的學生智傑用毛筆所畫的「有歡笑也有悲傷，才是眞正的學校」。每一首歌的背後都有杜老師和每一屆孩子的故事和生活點滴。因CD專輯裡不僅有目前六年乙班的歌聲，還有十年來每一屆學生的聲音。

杜老師的吉他並沒有特別突出，只會簡單幾個和弦，孩子也不見得看得懂五線譜。但是杜老師帶著學生唱出眞正用生命創作出來的歌曲，又透過影像幻燈片分享他十年來和學生、水源這塊土地的故事。這樣一場有教育意涵的演唱會，不僅實現了杜老師自己的理想，也把這樣的感動打進每個人生命的最底層。

插曲：金門之旅——水源與賢庵的相遇

就在杜老師籌備演唱會的同時。杜老師目前帶的六年乙班，有一位上學期從金門轉進來的轉學生方柔云，昔日導師邀請她和老同學一起去廈門畢業旅行。雖然她不能成行，卻觸動班上同學到金門畢旅的想法。

爲什們到金門去？對孩子具有什麼意義？

除了「一方水土一方人」——金門是一個很特別有別於其他風俗民情的地方外，杜老師的教室布置有一幅他爲班上孩子畫的《心靈地圖——回家的路》，杜老師畫出每一個孩子到學校上學的路，一一標上姓名，還親自帶孩子到每一個人的家裡走一走。用心走過的，會在心靈留下足跡，不只在學校和孩子一起過日子，也陪孩子走一段回家的路，回到孩子自己的生命旅程。相同地，六乙的孩子也願意陪柔云走一趟回家的路，回到金門賢庵國小看看老同學。

所以杜老師決定帶班上孩子到金門畢旅，而且安排水源國小和賢庵國小做一次校際交流：水源的孩子教賢庵的孩子扯鈴、做手工紙；賢庵的孩子教水源的孩子捏陶。但是，班上孩子卻面臨旅途遙遠旅費昂貴的困難。杜老師想起班上家長送他的一本書《優秀是教出來的》。書中提到一位老師帶領孩子發揮潛能，在經費不足及各種困難下，共同完成他們的夢想。因此杜老師便召開懇親會，先和家長溝通，並邀請家長一起協助。

受到杜老師的感動之後，有六位家長共同寫了一封信和其他家長溝通。在班上也展開籌款計畫——在個人籌款方面：有的孩子去早餐店打工；有的孩子向阿公要一隻小豬來養，養大了可以賣到七、八千元；也有的孩子在家裡勤做家事來籌旅費。在班上共同籌款方面，則配合杜老師本來要舉辦的「水源十年。生活的歌」音樂演唱會義賣CD和水源生活卡片做爲畢旅基金。另外，杜老師和六乙孩子也會在四月九、十六日下午三點到六點，在淡水老街鎮公所後面「金色水岸舞台」唱歌、義賣CD和水源生活卡片籌旅費。

本來班上也有家長願意全額贊助到金門畢旅的旅費，但是杜老師婉謝，因爲孩子並不需要大額捐款。讓孩子用自己的方式打工、義賣CD卡片，只是希望在這一條教育學習的主軸中，學到有努力才有收穫。眞心付出得來的果實才會讓孩子覺得格外甘甜，並在一輩子的記憶裡珍藏。

因此，這場預計在今年六月舉辦的「水源十年。生活的歌」音樂演唱會，以及《水源的孩子和杜老師》CD專輯，也就配合班上金門畢旅提早發行，提早在三月十二日舉辦。

演唱會現場一：從孩子「回家的路」到水源社區的「心靈地圖」

三月十二日的淡水風風雨雨，氣溫才六度，但演唱會現場依然擠滿人潮。很特別的是，演唱會舞台是以杜老師這十年來爲每一屆孩子畫的「回家的路」爲背景，現場還展示了杜老師創辦水源生活書院之後所舉辦的活動，如教育讀書會、水源社區報、水源畫會、水源生活營、風行水源——走春活動以及杜老師製作的水源生活卡片。

杜老師不僅帶著水源的孩子演唱ＣＤ裡的歌曲，還用幻燈片介紹他在水源生活十年和家人學生、水源社區居民與這塊土地對話的點點滴滴。我們了解杜老師帶領這些活動背後的意義，發現杜老師畫出了每一位孩子「回家的路」，也畫出了水源社區的「心靈地圖」。讓水源社區的居民生活在一個深厚的感情世界裡。

譬如「水源生活卡片」的構想，是杜老師利用假日不定期舉辦水源畫會，和孩子家長一邊泡茶、一邊畫畫，重點不在於繪畫的技巧，而在於能不能畫出對水源這塊土地的感情。杜老師保存孩子的畫，是希望水源的孩子在十年、二十年後，人在異地，遠在他鄉，能收到眞正屬於水源在地的生活卡片，可能是當年所畫的大冠鷲或一片葉子。那眞是一張藏有故鄉溫暖和回憶的生活卡片。

還有已經在水源社區舉辦二、三年的「風行水源——走春活動」，則是杜老師在參加「德簡書院成年禮」時，受到王鎮華老師的感動。

王鎮華老師說：「古代鄉賢仕紳告老還鄉，在大年初一會到村里走訪，如果看到哪戶人家春聯寫的不錯，就會進去發紅包。甚至覺得哪位年輕人寫出了一年來的志氣，日後就提拔他並把背後的經驗資源傳承給後輩。年輕人受到這樣的感動鼓勵，也許會活出不只一年而是一輩子的志氣。」

杜老師把這樣的感動帶入水源社區。每年過年前杜老師會在水源舉辦寫春聯的活動，大年初一就邀約里長伯、家長會長一起去發紅包。期待有一天當你走入水源里這個社區，發現幾乎每一戶人家都貼上自己寫的春聯。無關美醜，而是從春聯的句子圖像看見水源在地居民的創造力，看見每個人生命中的自己，這就是文化，是從生命裡長出來的。

文化要深根，生命要延續，就要一代一代地傳承下去。杜老師在每年暑假舉辦的「水源生活營」，就是一個「水源少年——經驗傳承」的活動。杜老師邀請水源畢業的校友，上大學的將經驗傳承給高中，高中傳承給國中，國中傳承給現在六年級的孩子。這樣一屆一屆互相扶持，一段時日之後，這群水源的孩子將互相提攜，成爲共同成長的朋友。而水源這片土地將長成什麼樣貌，也將由這群孩子因經驗傳承與實踐共同決定，共同耕耘出屬於自己的家園。

感動自己，才能感動別人。自己有所長進，才能爲下一代的成長做點事。「教育讀書會」是杜老師爲學校老師和家長發起的讀書會。每個月聚會一次，並共同編輯《水源社區報》，記錄水源這塊土地過去、現在、未來的生活軌跡。演唱會現場杜老師用幻燈片重現水源溪旁的竹林未被砍筏前的樣貌，還留下被砍掉的竹子做成竹笛，在現場吹奏。那一聲聲的竹音，勾起大家對竹林共同美好的記憶，讓在場的水源居民格外感動。

演唱會現場二：從生活的感動經驗進入教育世界

演唱會現場，杜老師特別請一位學生阿焜上台，這是杜老師十年前第一屆的學生。杜老師說，十年前的作文課，他出了「水源風光」的題目。記得那晚燈光昏黃，他在宿舍批改作文，看見阿焜寫了這首詩：

水源風光好　蟲兒常飛　鳥兒常叫
水源風光好　花兒常開　人兒常笑
大樹公公常睡覺　小狗汪汪叫　四處真熱鬧

杜老師看了很感動，就拿起吉他譜了這首曲子。隔天作文課時，杜老師和班上的孩子唱了這首歌，他發現了阿焜發亮的眼神。

這對杜老師是很重要的源頭。從大榕樹下的演唱會、瓦磘坑3號演唱會、《水源的孩子》CD發行、「水源十年。生活的歌」演唱會到《水源的孩子和杜老師》CD發行，都來自於生命中的這個感動。

杜老師在阿焜潦草的字跡背後看出他對水源這塊土地蘊藏的情感，把他寫的童詩譜成歌曲唱了十年。杜老師對所有現場的觀衆大聲說出對阿焜的感謝，而阿焜也大聲朗誦十年前他寫的這首童詩。我們看到阿焜和十年前一樣發亮的眼神，還有累積了十年的感動。

十年的教學生涯，對杜老師而言也是一個面對自己、自我成長的轉捩點。杜老師說：「**教育不是你想給孩子什麼，而是你想帶給自己什麼。先想想自己想過什麼日子，想要成爲什麼樣的人，然後很認眞很篤定地去做，教育就在這裡頭。**」生活要實踐，生命要累積。用生活實踐的心得去豐厚自己的生命，當你很眞心地去做，心裡會有個聲音回應你，和你對話。然後生命會幫你自己療傷，幫你自己做整理。

就在這樣的過程裡，有一個夜晚，那些平常教學上的課程、活動、教案突然一一跳上杜老師的心頭，並且自動歸納整合成四個教學主軸：「人（個體）——人我觀」、「人與人群——群我觀」、「人與大自然——自然觀」、「人與土地——歷史觀」。在演唱會現場，我們發現杜老師用歌曲傳遞了他這些教學的想法和理念：

在「人（個體）——人我觀」方面：杜老師演唱了〈水源國小e那一條歌〉。在這首歌曲裡，我們可以很貼切地想像杜老師的生活方式——走路上下學、愛喝木炭煮的普洱茶，喜歡點著檀香聽歌，享有一夜靜謐的舒懷。

在「人與人群——群我觀」方面：杜老師演唱〈黑熊之歌〉和〈讀冊去〉。〈黑熊之歌〉是由王華芬校長作詞，鼓勵水源陳志偉老師考上研究所，由杜老師作曲演唱的歌曲。〈讀冊去〉則是杜老師想像他的學生陳俊宏（當年還是大一學生）將來結婚生子，他的爸爸帶著孫子去上學的趣味光景，讓人聽了忍不住莞爾一笑。

在「人與大自然——自然觀」方面：杜老師演唱〈水源溪〉。記錄在學校旁的一條水圳，孩子在溪邊玩耍、抓蝦、抓魚、小朋友李東霖還爲他取名「水源溪」。杜老師藉這首歌傳達了土地的聲音和教育的感觸，也爲孩子留下一段美好的童年回憶。

在「人與土地——歷史觀」方面：杜老師演唱〈動物園之歌〉。「動物園」是淡江大學旁的人文茶坊，也是當年李雙澤生前居住的民歌發源地。杜老師曾經是「動物園」園長，和一群朋友辦過多場文化活動並共同創辦紫荊書院。

演唱會現場三：「用生命帶領生命」的實踐與回應

演唱會舞台布置另一個特色，是把當年學生阿儒用毛筆寫的童詩放大當舞台看板：「白鷺低飛／老鷹徘徊／月下的老人在種菜／風光景色真可愛／婦人打鼓／農人歌唱／小狗走在水源的田野上／夕陽黃黃影子長／抬頭看星河／好像一條大蟒蛇。」

十年前和杜老師泡茶聊天談心事的阿儒，如今已經是輔大體育系的柔道選手。我們聽著杜老師把這首童詩譜成曲子，一邊吹口琴一邊彈吉他唱歌，多少點點滴滴的童年往事才下眉頭卻上心頭。另一位學生智傑也在現場，杜老師的工作室到現在還放著智傑畫的另一幅畫——《大榕樹下有著杜老師和全班二十五位小朋友的腳丫子印》——大家共同在水源國小留下的生命足跡。

杜老師在現場講了十年前他和阿儒、智傑生命裡共同的故事——「做個比爸爸更好的爸爸，但爸爸終究是爸爸」。然後杜老師也請自己的爸爸上台，像十年前這兩個孩子在他面前對爸爸的告白一樣，杜老師說：「雖然爸爸在家族裡是個令人擔心的大孩子，但他今天做事的熱忱以及在水源所做的一切，包括樂器、口琴都遺傳自爸爸，甚至有些是他學不來的。」

接著杜老師和爸爸合奏一首口琴和吉他的音樂，在那段無言只有音樂的旋律中，赤裸裸地，直接用生命帶領生命的氛圍緊緊牽引著三個生命場域的人：杜老師和他的學生、杜老師和他爸爸，還有現場的每一位觀衆。所有歡笑與悲傷的記憶在這一刻交軌，因彼此感動而互放的光芒也在這裡交會。那種直接面對生命的震撼力，是打到每個人的生命深處，在那一個會痛的傷口，找到再生再啟程的力量。

也許不是所有的人都適合用這樣的方式，但杜老師是用一個「生命帶領生命」的方式，以「做一個比爸爸更好的爸爸，但爸爸終究是爸爸」爲主軸，去做一個屬於自己而且是完整的呈現。

阿儒馬上在現場寫了一首詩「守正師存」，送給杜老師：

守山守地守水源，正心正品正其氣。
師恩師情師友愛，存年存月存長久。

這樣的師生情誼，讓現場的觀衆感動落淚。杜老師的朋友明馨說：「我感受到一股很眞誠的生命力，從杜老師開始，散發在那群孩子、家長及朋友身上。第一次這麼近距離看見人可以眞誠呈現該有的面貌。可以坦坦然、舒舒服服地面對生活的種種——包括挫折。」新興國小文勇老師在演唱會結束後，也寄來一封信：「唯有眞正用生命去參與的過程，才能有令人感動的故事發生。而在水源的一切如同每一首歌，都令人覺得溫馨雋永。在聆聽歌曲的同時，才發現我們都是故事裡的人——有悲、有喜、有笑、有淚。用心認眞的人——有杜老師眞好。」

結語：回到自己，走向一路的春夏秋冬

這場「水源十年。生活的歌」演唱會並不是之前媒體所言，只是爲學生去金門畢旅做募款，而是杜老師在水源生活十年「用生命帶領生命」實踐的道路。演唱會的最大意義，應該是大家把這份感動帶回家，並在自己的生活裡實踐。想想屬於自己的心靈地圖是什麼？想想自己可以爲家人、朋友、爲社區做些什麼？也許可以透過簡單的樂器或其他的

創作，用自己的方式將生命的感動流露出來。可能是在學校的櫻花樹下、廟口或家裡的庭院，在一個可以串起大家共同回憶和感動的地方，一邊說一邊唱，做個人生命的展現。誠如杜老師在「水源生活卡片」中所言：

「用去年的心得，過今年的日子。」

「回到自己，走向一路的春夏秋冬。」

後記：後來我們真的帶著孩子們完成了去金門畢業旅行的夢想，公共電視台還拍了紀錄影片《少年哈週刊　夢想之旅》。

《少年哈週刊　夢想之旅》收看連結

附錄1

水源國小的孩子們與杜老師的歌

「歌」是看不見的人的心，也是看得見的人的心。這些生活中的歌，並非完美演出，是種紀錄。用音樂、用聲音記錄我們的情感與生活；是種展示，用感動、用行動，展示我們的眞摯與珍惜。最重要的是，這是一種教育，每個人都可以用自己的方式，把生活中感動的呈現出來。

順著這樣的思考模式，我挑了數首水源的歌，請您慢慢走這條穿越時空的教育之路，一起回憶您的曾經、一起聆聽您內在的聲音，祝福大家！

水源的大樹
很有特色
校門　也是
老師們　在這裡
引導孩子們
開啟　一扇扇的門
等待著孩子們
像大樹一樣
回到水源
我們共同的源頭

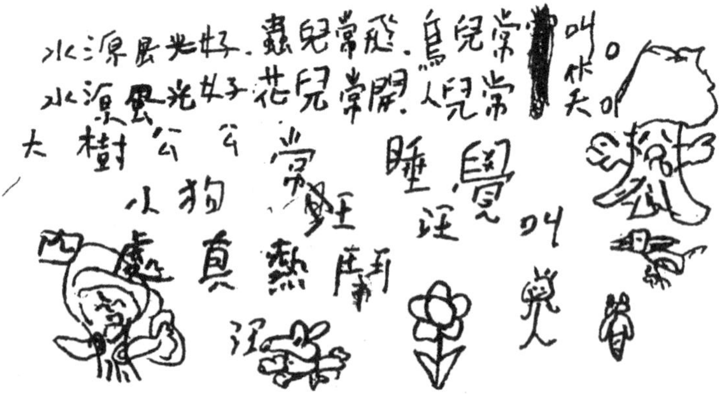

水源的歌 01〈水源的孩子〉

詞曲／杜守正

1997年暑假開學前，來了一個颱風。颱風夜，我在水源的單身宿舍寫了這首曲子。隔年學校80週年校慶，這首歌成了我們的校歌。校慶當天升校旗時，我背著吉他和大家一起唱live版的校歌；90週年校慶升校旗唱校歌時我一樣背著吉他、吹口琴唱校歌；100週年校慶我同樣彈吉他、吹口琴，六年級的孩子打鼓、吹直笛、口風琴等節奏樂器，還有學校同事黃健書彈電吉他，全校一起唱我們的校歌。

我是個快樂的孩子也
生長在淡水的大屯山邊
四周有青山和綠水片片
還有著藍天和美麗校園
我是個天眞的孩子也
走在山路的田野之間
風中有我們的歌聲綿綿
串起了心中的回憶點點
我們是水源的孩子也
快樂的在這裡上學讀書
有扯鈴有國術也有舞獅
還有著大樹和老鷹白鷺
我們是勇敢的孩子也
生長在淡水的大屯山邊
有一天我們會回到水源
耕耘出一片美好的家園
啦……啦……
有一天我們會回到水源
耕耘出一片美好的家園

水源的歌 02〈水源風光 I〉

詞／張家焜　曲／杜守正

水源風光好　蟲兒常飛　鳥兒常叫
水源風光好　花兒常開　人兒常笑
大樹公公常睡覺　小狗汪汪叫
四處眞熱鬧

水源的歌 03〈水源風光 II〉

詞／張正儒　曲／杜守正

白鷺低飛　老鷹徘徊
日下的老人在種菜
風光景色眞可愛
婦人打穀　農人歌唱
小狗走在水源的田野上
夕陽黃黃影子長
抬頭看星河　好像一條大蟒蛇

水源的歌 04〈讀冊去〉

詞曲／杜守正

2003年的歲末，我獨自到瓦磘坑的工作室。一早七點多，煮了壺茶，燒起了炭，享有一室的清、冷、晨、雨。過午了，不覺餓，寫了一些孩子的紀錄。在暖暖的炭爐旁，我寫了這首曲子。

阮家住在大屯山邊e水源橋下
你家嘛住在大屯山邊e水源橋下
一二三四　一二三四　透早就出門去
天色未光就要醒　田園巡剎剛好時
趕緊回去吃早起　好去太帶孫讀冊去
有人走路　有人坐車　有人走相捉

伊愛伊水源ｅ生活
伊擱會跟學生泡泡茶
伊最愛喝ｅ就是普洱茶
那是喝茶伊就用火炭滾水滾不剎
水源國小　有一條歌
（來喔！泡茶喔！）
每天下午ｅ四點多
水源國小ｅ學生囝仔
得要用走路倒轉去
得要用走路倒轉去
沿路咽會邊走擱邊唱歌
唱著咽同學（阿儒）ｅ那條歌
也是咽恰意ｅ那條歌 是
【水源風光 II】
白鷺低飛　老鷹徘徊
日下的老人在種菜　風光景色眞可愛
婦人打穀　農人歌唱
小狗走在水源的田野上
夕陽黃黃影子長
抬頭看星河　好像一條大蟒蛇
咽現在漸漸在長大
咽嘛會漸漸來識代誌
咽那是今ㄚ日來畢業後
希望咽會記得這段唱歌ｅ日子
水源國小　有一條歌
（小朋友！來唱歌喔！）
少年仔！你甘擱會記得
你老師是啥人？

水源的歌06〈阿肥之歌〉

詞曲／杜守正

阿肥是我們班的孩子，他叫鄭清文。他的人就是那個樣子，有一回下課我拿了吉他在教

二步三步　三步二步　鬥陣作伙行
一二三四　一二三四
歡歡喜喜讀冊去
噹噹噹噹　噹噹噹噹

OS：小朋友大家早，我是導護老師，現在已經七點四十分了！趕緊去掃地啦！

水源的歌05〈水源國小ｅ那一條歌〉

詞／杜守正　曲／陳明章

第一次帶畢業班那年，畢業前的一個月我寫了這首歌。曲是陳明章的。其中兩首童詩是當年的孩子所寫，我譜了曲子。歌詞所寫，就是水源的生活，不知道孩子們長大後是否還記得當年的老師？還記得第一次唱給小朋友聽時，當場就有幾位小朋友落淚哽咽，駱駝仔是其中一個，大概是因爲卽將畢業的氣氛吧！後來在畢業典禮的當天，我們辦了第二次的音樂演唱會。【2022淡水福爾摩莎國際詩歌節】這首歌成爲當年的序詩。

每天早時ｅ七點多
水源國小ｅ杜老師
得要去學校去教書
得要去學校去教書
沿路伊會邊走擱邊唱歌
唱著伊學生（阿焜）ｅ那條歌
也是伊恰意ｅ那條歌　是
【水源風光 I】
水源風光好　蟲兒常飛　鳥兒常叫
水源風光好　花兒常開　人兒常笑
大樹公公常睡覺　小狗汪汪叫
四處眞熱鬧

你的志氣是跑到哪？
啦……啦……啦……
佇在大屯山e水源地
山邊e橋下有一條水源溪
咿咿歪歪　咿咿歪歪
流過眞多e所在
一天一天　一天一天
流入阮e心肝底
水源溪啊水源溪！
流過變化e這個所在
有人種菜　有人破壞
囝仔e希望你到底嘜哥愛！

水源溪啊水源溪！
流過後壁e竹林地
厝頭家啊厝頭家！
咱是不是哥會當作伙！
日子一天一天底哩過
有人不知哩做啥伙！
親像山頂e天氣
變化嘛愈來愈多
這款e代誌　你嘜有去注意！
啦……啦……啦……
水源溪啊水源溪!
流過後山的水源地
少年家啊少年家！
你的志氣是跑到哪？
水源溪啊水源溪……

水源的歌08〈回家的路〉

詞曲／杜守正

有一年，兩個孩子放學後沒回家，演出了一齣假綁票案。記得那晚，從黃昏到半夜，家人、室裡彈彈唱唱，看著他笑臉稚嫩的臉龐，和著旋律，隨即編了歌詞，就這麼和孩子們唱開來了。說他肥！說他臭屁！說他像傻大豬！他會生氣嗎？你說呢？

阿肥阿肥眞古錐　生得特別肥擱美
雖然肥肥人鎚鎚　大家看到伊眞歡喜
阿肥阿肥眞古意　看起來親像傻大豬
雖人古意人臭屁
只要哪有伊歡喜就滿滿是

水源的歌07〈水源溪〉

詞曲／杜守正（改編自王昭華）

1999年的秋天，上自然課，帶孩子們到學校後面的溪流觀察。回到教室，在記錄發現的螃蟹、魚、蝦的地點時，小朋友不知道要如何稱呼那條小溪流，經過一陣的七嘴八舌之後，李東霖說就叫「水源溪」好了。這是水源溪的由來。過沒幾天，我寫了這首歌。

佇在大屯山e水源地
山邊e橋下有一條水源溪
咿咿歪歪　咿咿歪歪
流過眞多e所在
一天一天　一天一天
流入阮e心肝底
水源溪啊水源溪！
流過後山e水源地
有人洗衣　有人洗菜
囝仔嘛玩得笑哈哈！
水源溪啊水源溪！
流過繁華e這個時代
少年家啊少年家！

阿泰、阿順是兄弟　時常相招讀書去
雖然兩人有稍跨肥　看起來嘛是眞古錐
阿泰、阿順眞趣味　時常相招看布袋戲
雖然字寫了無多美　上課嘛是眞認眞

校長校長眞美麗　時常總是笑嘻嘻
待人客客又氣氣　做起事來關心你
主任主任眞和氣　太太溫柔又美麗
兩個孩子在一起　全家眞是有福氣

大人大人眞細心　做事也是很盡力
總務靠她沒問題　大小的事情都處理
張叔張叔張爺爺　各種技藝他都會
花草樹木到他手裡　萬事O.K沒問題

水源的歌 10〈水源的畢業歌〉

詞／陳俊宏、張正儒　曲／杜守正

在這畢業之時　我離開了水源
六年美好的回憶　一一浮現在眼前
若欲再見一面　不知要等到何年
是否可以再次　團圓在熟悉的校園
忍著眼淚悲傷　還有離別的心酸
說聲珍重再見　我的老師和水源
我的好友和水源

水源的歌 11〈告別水源〉

詞曲／杜守正（改編自邱晨）

孩童般的堅持，只是爲了保有撒手前的無愧於心。前些時候，在生活中「日子」這位老師帶我走過了一些心路感受，也讓我有了離開的心情，離開水源、告別水源。就這樣，我在一張卡片上寫下了「離開水源」四個字。也在老師、村人、警察 、我……半夜兩點多才回到宿舍。 隔幾天我寫下了這首回家的路。

我以爲你知道　我知道　你知道嗎？
從來就沒人能告訴我　喔.........
生命的意義到底在哪裡
生活的目的是不是遊戲

我以爲你知道　我知道　你知道我！
總是希望有人能夠了解我　喔.........
面對寂寞應該如何去突破
我的憂愁爲何那麼多

你知道　我知道　你知道嗎？
這段路我走得太過糊塗　喔.........
人生的道路需要全心去投入
面對父母才是回家的路

我知道　你知道　你知道我！
從今後就應該好好把握　喔.........
我很好　你很好　我很好　你知道嗎？
謝謝你　謝謝我　謝謝你　你知道嗎？
我很好　你很好　我很好　你知道啊！
謝謝你　謝謝我　謝謝你　謝謝你啊！

水源的歌 09〈阿泰、阿順・水源人物樹素寫〉

詞曲／杜守正

「阿泰、阿順」是第二次帶畢業班的學生，他們是堂兄弟，兩人身材相仿，家就住隔壁，都有一股憨直的性情。「水源人物素寫」是1997年在大樹下辦畢業演唱會的前一天，突然有靈感所寫的歌。

禮，級任導師上台給孩子們一些祝福與叮嚀。記得當年我沒多說什麼，就唱了這首歌。事隔多年，在孩子畢業前總有這樣的感覺，希望孩子們回到水源，我們共同的源頭。

今夜風兒輕吹　吹動了當年的感覺
在水源這些年　有淚水也有著笑臉
大樹下　校園裡
有著我們共同的回憶
哦……離別後　多珍重
期盼能再相逢
大屯山　水源地
我在這裡等著你
大屯山　水源地
我在等著你

水源的歌13〈天堂〉

詞／陳玄謀　曲／杜守正

教育部當年有個攜手計畫，針對弱勢孩子的課後照顧扶助。這首歌是新北市配合教育部課後攜手扶助計畫的主題歌曲，幾年前陳玄謀校長寫了詞，我譜了曲子。

每個人都有個天堂
無憂無慮自由翱翔
孤單時候相依陪伴
快樂來臨與你分享
每份愛總有個地方
蔓延穿越學子心房
攜手共度委屈徬徨
扶助暗夜每一道心光
天堂　在淡水河旁
天堂　在觀音山上

跨越2000年前，寫了〈告別水源〉這首歌，給孩子們，也給自己。後來王華芬校長留下了我，隔年在華芬校長交接典禮上，她請我唱這首歌送給她，每個人都會離開，不同的只是時候。

就要離開啦！
離開美麗的　美麗的水源地
嘿吼嘿！ 嘿吼嘿！
離開美麗的水源
我不知如何向他說再見
五月的細雨飄飄
突然淋濕我的眼
回憶多年的相逢
來不及說什麼溫柔的話
秋夜的楓葉飄飄
飄在水源的山路上
水源地的孩子啊！
你聽聽大屯山的歷史脈動
我心中也有一座山
也為你震落滿滿的思念
水源地的孩子啊！
你看看水源溪的田野依舊
我心中也有一條河
也陪你走過沉默的時刻
啦……啦……啦……
水源地的孩子啊！
別問我到底來自什麼地方
如果你還記得我
我只是走過晨霧的朋友

水源的歌12〈回到水源〉

詞曲／杜守正

這是二十幾年前寫給畢業孩子的歌。在畢業典

尤其是娶老婆的事。很高興當年他考取了台中師院自然科學研究所，事隔多年他也已經娶了老婆，在新北市米倉國小當過主任，現在又回到水源國小當老師了！

年輕的心經得起淬鍊
年輕的心奔放在水源
曾經是平原的跑馬
也曾是碧海的扁舟
有時像是飛天的孤雲
有時候就是大夥的好朋友
但今天他守候在書房案頭
爲了自己所作的抉擇
對生命許下一個承諾
給自己一個未來
他凝定的靜駐
在淬鍊　在琢磨　在鍛燒　在涵養
更在蓄積生命的力量
嘿又嘿 ……（黑熊……）
嘿又嘿……
嘿又嘿……（黑熊……）
嘿又嘿……
黑熊一定要考上

水源的歌 16〈水源印象〉

詞曲／杜守正

第二次帶畢業班時，我已經來到水源三年了。畢業前，離別的味道依然很濃。在宿舍，看著側門的木棉花絮，我背起吉他走出陽台，譜了這首曲子。

蔚藍的天空裡　有著我們的回憶
是否你　還記起　有個我也有你
天堂　在校園流傳
天堂　在人間（水源）發光
天堂……天堂……天堂……

水源的歌 14〈如果有一天〉

詞曲／杜守正

八八水災那年，我開車到台中接了四個不認識的年輕人，一大早到了屏東林邊鄉附近，前後五天的救災。回到淡水後，心有所感，我寫下了這首歌。班上孩子們很愛唱這首歌，尤其是「只要天還是天，地還是地」。

如果有一天　可以重回家園
（如果有一天　可以重建家園）
如果有一天　可以不說再見
（如果有一天　我們會再相見）
沒有什麼　你你我我
沒有什麼　將心打破
我們可以　共同攜手　一起奮鬥
我們可以　不再徬徨　不再驚恐
只要 ……
天還是天　地還是地
山川大地　依然可親
咿呀HO嗨呀　HO嗨呀……
我們會再相見……

水源的歌 15〈黑熊的歌〉

詞／王華芬　曲／杜守正

這首歌是2001年王華芬校長，爲了要鼓勵志偉寫給他的詞。記得當年在北投洗完溫泉，大家一起泡茶時，唱了這首歌，當作他的生日禮物，給他一個驚喜，祝福他事事都如意，

水源的歌18〈行知素寫〉

詞曲／杜守正

教育總要有一些理想性。2011年的春天，大陸南京行知小學之旅終於可以成行。「讀萬卷書，行萬里路」，就讓我們打開心胸、開啟眼界，走一段「知行合一」的道路。你走在前頭，孩子們將尾隨你而來，忽前忽後，相伴而行。謹以這首隨筆小品，側記這段因緣。

行知行知在南京　有個校長叫楊瑞清
年近五十有幹勁　生活教育帶到農村裡
行知行知在合一　有個前輩陶先行
曉庄師院來延續　農村的孩子有自信
行知遊學辦教育　農村社區來參與
課程扎實又有趣　兩岸四地都慕名

水源的歌19〈動物園之歌〉

詞曲／杜守正

剛到水源國小的日子，總是和「動物園」有關。這個動物園不在木柵，就在淡水。1970年代校園民歌發源的地方，當年李雙澤就住這裡。我在這裡當了一年的「動物園園長」，也和一些朋友在這裡辦些活動、做點事。那天放學後，我騎著摩托車一路來到動物園，心頭有了感覺。當晚，我寫了這首歌。

蔚藍的天空　吹著輕輕的微風
在這淡水的山路中　心中滿是笑容
晴朗的夜空　吹著自由的和風
在這水源的田野中　我心中滿是從容
漫步在這清風　一路笑容往前衝
來到了動物園　鳥兒和小黑常相隨
美麗的校園裡　有著當年的足跡
在這裡　一起　快樂的學習
伊呀嘿　伊呀嘿
伊呀嘿呀嘿　伊呀嘿
微風兒輕輕的吹送
是否吹起了當年的感動　喔..........
在水源　好家園　回水源　來團圓
伊呀嘿　伊呀嘿
伊呀嘿呀嘿　伊呀嘿
伊呀嘿　我們的水源

水源的歌17〈濕地飛翔〉

詞／陳木城　曲／杜守正

這首歌是陳木城校長為濕地教育所寫的詞，幾年前新北市在八里的環教中心開幕時發表了這首歌。我唱了幾個版本，後來的畢業班重新錄音，希望孩子能展翅飛翔，用不一樣的眼光看待自己和世界。

孩子　我要留給你湖泊
孩子　我要留給你溪流
你看　那湖泊的眼睛多明亮！
你聽　那溪水的歌聲多嘹亮！
孩子　我要留給你一片濕地
張開你的小手，腳步要輕
在那最敏感的土地上
感覺像一群群水鳥
展開翅膀　擁抱希望　勇敢去飛翔
感覺像一群群水鳥
展開翅膀　擁抱希望　勇敢去飛翔
看著你……去飛翔……
去飛翔……去飛翔……去飛翔……
在濕地的天空中
飛翔……

茨後有一欉老茄苳
透早就有烏鴉聲
阮阿公在淸國時代
起茨時就聽著在此嘎嘎叫
茨後有一欉老茄苳
中晝時就有烏鴉聲
阮老爸在日本時代
做穡休睏時也聽著在此嘎嘎叫
茨後有一欉老茄苳
下晡時猶復有烏鴉聲
阮在民國時代
出外讀冊時猶復有聽著在此嘎嘎叫
阮小漢就聽阿公講
烏鴉不是歹鳥
伊會來相勤茨就會旺
不可嫌烏聲噪耳嘎嘎叫
阮大漢也聽老爸講
烏鴉不是歹鳥
伊會湊顧牛復會掠草蜢
不可舉竹篙逐到伊嘎嘎叫
阮今矣也漸漸老矣
轉來舊茨遂尋無老茄苳
田園荒廢無人種作
透早抵黃昏每聽無烏鴉在嘎嘎叫

阮小漢有一欉老茄苳
阮大漢也有一欉老茄苳
阮今矣也已經老矣
轉來舊茨遂尋無老茄苳
那欉心肝內　永遠的老茄苳

土地蓮霧與桂樹　木蓮枇杷和芭樂
還有含笑野薑花　都是這土地的芬芳

水源的歌20〈送別歌〉

詞曲／李雙澤

這首歌是民歌的前輩李雙澤作的。幾年前我帶孩子們一起唱這首歌，很有感覺。後來，我把杜鵑花改成了山茶花，老營地改成了水源地。大屯山下，我們的水源地，有的是山茶花。

我送你出大屯　看那大屯山高又高
我又送你到大河邊　看那大河長又長
像那大河長又長　我們吃苦又耐勞
像那大屯山高又高　我們勇敢又堅強
我們勇敢又堅強　我們吃苦又耐勞
我們希望有一天能夠重聚在水源地
我們的水源地　有滿山花盛開
那山茶花是我　那山茶花是你
我送你出大屯　我送你到大河邊
我們希望有一天能夠重聚在水源地

水源的歌21〈茨後一欉茄苳〉

詞／李魁賢　曲／杜守正

「2022淡水福爾摩莎國際詩歌節」活動圓滿結束，在淡水捷運告別李魁賢老師時，跟李老師請託爲他的詩〈茨後一欉茄苳〉譜曲，約定明年詩歌節前完成，感謝李老師應允。詩歌節結束兩天，心有所感，初步譜了曲子，尙未成熟，希望像釀酒一般，來年與魁賢老師一起唸唱這首詩歌。

水源的歌22〈看見忠寮〉

詞／連福壽　曲／杜守正

2013年社區的耆老連福壽參與農村再生計畫的課程，喚起了他童年的回憶，心有所感寫了這個詞，我譜了曲子。後來有外賓到社區參訪，我們就一起唱這首歌歡迎大家！

大屯山下公司田溪　流向忠寮田莊過
溪水清淨魚蝦濟　也有狗鮐跟毛蟹
沿岸兩邊是田園　年冬收成滿穀倉
厝前後壁山坡地　亦有栽柑兼種茶
每年採茶的季節　挽茶相褒足鬧熱
田莊農產很豐富　蔬菜水果逐項有
彼片田園彼條溪　是咱心愛的土地
(採茶相褒歌)
一欉好花在高山　開甲二蕊好排壇
挽伊袂到站著看　嗅到花香透心肝
大屯山下公司田溪　流向忠寮田莊過
溪水清淨魚蝦濟　也有狗鮐跟毛蟹
自然生態尚稀奇　大埤埔頭楓寄生
生態環境要保護　忠寮發展有前途
人文古蹟歷史久　石牆仔內旗杆厝
山明水秀好所在　詩人畫家出人才
忠寮社區風景好　請恁相招來迫迌

《水源的孩子和杜老師》
《水源的孩子 2》
線上音樂收聽

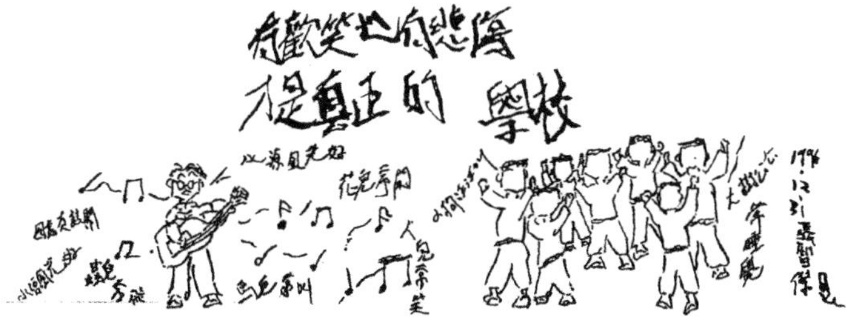

附錄2

少年禮行禮單

少年禮

我要長大了，青春出少年。
配天地而成人，誠自然出少年。
土地、人、文化，其實是一體的。
這三個結合在一起就有生命力，有感覺、有感受、進而能感心，最後真能感動。

一、對象：小學六年級的孩子。對自己的成長，願意好好地、很正面、平實地去面對，願意一步一步實地去學習的人。

二、方式：聚會、活動、討論、學習。回家後在生活中做，有感覺、感知、感悟、感動、體驗的分享。預定在孩子進入國中之前，舉辦「少年禮」儀式。

三、課程內容（依整體學習狀況調整），學習課題：

1、驚蟄播種、一培土的生命力、鄉土的心靈地圖（始業式）

2、少年禮三核心、文化母語DNA

3、人生的七階段、人格的七位格，還有泡茶

4、青春期身體的成長變化、心理的變化（性教育）

異性相處與父母對待，還有有情緒怎麼辦？（情緒教育）

5、泥土的體驗（土埆厝）

6、討論典禮舉行的種種意涵、形式

7、「少年禮」儀式（結業式）

給家長的一些話

少年禮的構想，來自成年禮。

我想把成年禮的準備過程、行禮、以及行禮後一路下來的感動，做一個分享，也做一個開展、延續。

因此，我有了童年的禮（少年禮）這樣的構想，希望能在孩子心中埋下一顆待發芽的種籽，在春風來臨時長出新枝，帶他走一輩子。

當然，對於即將面臨的青春期的種種，從身體的變化、心理的情緒等等，也透過這個活動了解、認識，並學習如何面對。特別是異性的問題、父母相處的問題，還有，有情緒該怎麼辦！

希望以後這群人，都是彼此互相提攜的朋友。

「少年禮」行禮單（準備物品）

甦。醒。感。動。

這是一個格命，格自己的命。

一般覺得傳統的禮教是落伍、保守、不合時宜的。其實禮是用心的事、是性情的事，更是文化的事，是很自然、很活潑，更是關乎生命、很有味道的。

做了，就「知道！」

眞「行」的人，才是「眞行」之人。

「少年禮」的精神來自「成年禮」

冠者，禮之始也，嘉事之重者也。（《禮記．冠義》）

「禮」就是「理」，用心，便會有理。眞做，便會有眞感動。

一、事前準備：

（一）堂：1、天地王親師；2、堂號；3、家譜、族譜（家徽、族徽）；4、孔子像、祖像。

（二）室：1、窗明几淨（自己房間自己整理）；2、坐擁感心事物（能夠靜下心來、回到自己）。

（三）物：

1、衣（唐裝，有意義的服裝——繡上「家徽」、「族徽」、「圖紋」）。

2、領巾三條（素色、冷色、暖色——繡上成人禮三核心圖紋）。

3、冠（帽）一頂（繡上「一行」圖紋）。

4、印章（取字）。

5、七種花果供品。

（四）身行：1、沐浴淨身；2、禁語（前一天，到典禮舉行前）；3、事先主動向家人說明。

二、事後形象：

（一）自己形象：像個人，有人味（有禮、有體）。

（二）我要長大了↓青春出少年↓成年。

身體的認識、保養、善用；心理的長進、踐行、體會。

身心發用，成爲社會新生兒（群），走向成熟之路。

三、典禮舉行　行禮人：＿＿＿＿字：

※父母說緣起（簡報，影像背景音樂）

※杜老師、行禮人介紹少年禮（簡報典禮意涵及流程說明，每人準備一顆生的花生仁）

※正式典禮

（一）正位：站定位置。

（二）行禮：

程序	動作	準備物品
一、一點心 (立中道)	舌頭頂上顎	天地王親師牌位 (背面王字，當場用筆寫上紅點做主)
二、三支香 (迎王道)	點三支香、走向東方一拜：迎天地 再走回定位將香插好	香爐、燭台蠟燭左右各一、香、火機
三、七供品 (知人格)	神位供桌供品(盤子) 將盤子拿到額頭處(一拜) 將供品(盤子)放回神位供桌	神位供桌七供品、盤子裝七供品各一(七種花果供品) 人格七位格　　代表物品 1. 個體人　＿＿＿＿＿＿ 2. 家庭人　＿＿＿＿＿＿ 3. 社會人　＿＿＿＿＿＿ 4. 民族人　＿＿＿＿＿＿ 5. 國家人　＿＿＿＿＿＿ 6. 世界人　＿＿＿＿＿＿ 7. 宇宙人　＿＿＿＿＿＿
四、嚼仁味 (無言味、生命原味)	拿神位供桌上「生的帶殼核桃」 將剝殼的生核仁放到口中嚼30下	生的帶殼核桃

五、尙三領 （父母爲孩子加領巾） （跪、起）	孩子跪下三拜 請父母爲孩子加領巾 順序爲：素色、冷色系、暖色系 ＊初加冠（領巾），祝曰：「令月吉日，始加元服。棄爾幼志，順爾成德。壽考惟祺，介爾景福。」 ＊再加冠（領巾），祝曰：「吉月令辰，乃申爾服。敬爾威儀，淑愼爾德。眉壽萬年，永受胡福。」 ＊三加冠（領巾），祝曰：「以歲之正，以月之令，咸加爾服。兄弟具在，以成厥德。黃耇無疆，受天之慶。」	禮案 三條領巾：素、冷、暖 繡上成人禮三核心圖紋 執冠者（贊）兩手捧領巾給父親爲孩子加冠（披上領巾）
六、加冠 （三位一體） （跪、起）	孩子跪下三拜 請師長（賓）爲孩子加冠	禮案 冠（帽）一頂 繡上「一行」圖紋 執冠者（贊）兩手捧冠帽給師長（賓）爲孩子加冠
七、九德跪 （陽剛盡己） （跪、起）	孩子跪下，磕九個頭	

（三）贈語、贈禮（請準備：父母、師長給孩子的話、族譜、印章（字）、禮物等置於禮案）：父母贈語、贈禮：族譜、印章（字）、禮物等；師長贈語、贈禮。

（四）禮成：行禮人分享體會與期許。

堂聯

橫批——我要長大了

對聯——配天地而成人，誠自然出少年

行禮舉止：以誠相待如友朋，不分你我都尊重。

*歌詠：我期待（有感的歌曲）

*回家：見過親人，拜訪良師益友。

我覺得這個起點就是成功上路了。

今天，我們以簡單的形式，代表著孩子即將跨過少年階段，走向成長、成熟之路的意涵，來提醒自己，也告訴親朋友人：「我要長大了！」

帶著大家共同的關注，我願意本著面對自己、成長自己，也關心群體的初衷，在成長的路上盡力而爲，相伴而行。

以前「冠禮」是用三頂帽子，今日我們保留一頂冠帽，另外圍上三條不同顏色的領巾代表戴上三頂帽子，三種顏色各有不同的涵意：

第一種用純黑或純白的素色領巾，表示素面相見，還原的意思，白色可以成爲所有的可能，黑色則蘊藏所有的可能，兩種顏色都代表著「所有的可能性」；因爲孩子長大成人後，可以成爲「所有的可能」。

第二種是冷色系的領巾，如藍色、紫色，代表的是「人生的逆境」。這裡是要提醒子女：

處在逆境時，也要加油，不能輕易被打倒。

第三種是暖色系的領巾，如橙、黃、紅等顏色，代表的是「人生的順境」。這裡是要提醒子女：處在順境時，不可得意忘形。

冠（帽）一頂（繡上「一行」圖紋），表示三核心三位一體圖紋

行人，就是道人。楚系簡帛出土古文字「道」，乃「行」與「人」二字合一，寫作「彳亻亍」。眞「行」之人，乃「眞行」之人。人行走在时空之路，就是行人合一，就是有「道」之人。行，左「彳」右「亍」腳趾，朝目標前行；「一行」乃「一趾」，一止「正」也．「一行」就是「正」，行正道也。

三條領巾（素、冷、暖）分別繡上成年禮三核心圖紋

素色圖紋	冷色系圖紋	暖色系圖紋
我是誰？	我從哪裡來？	我要到哪裡去？
自發（發現天性）	互動（關係連結）	共好（感知行動）
自	動	好
天命之謂性	率性之謂道	修道之謂教
行生合一	行人合一	行知合一
	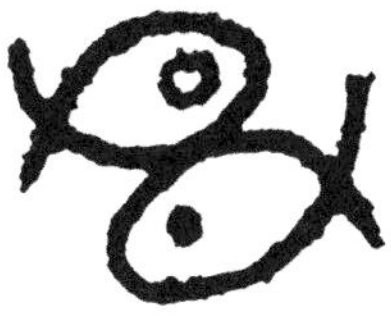	
種籽發芽就是春。 生長。	雙魚、太極，有虛有實， 你強的地方幫助弱的。 你弱的地方朋友幫助你， 這才是眞正的朋友。	知者，智也。行知合一， 用智慧實踐之人，就是有 「德」之人。 行知人，就是行智人。 走行知路，行人之道。

一行	一止「正」甲骨文
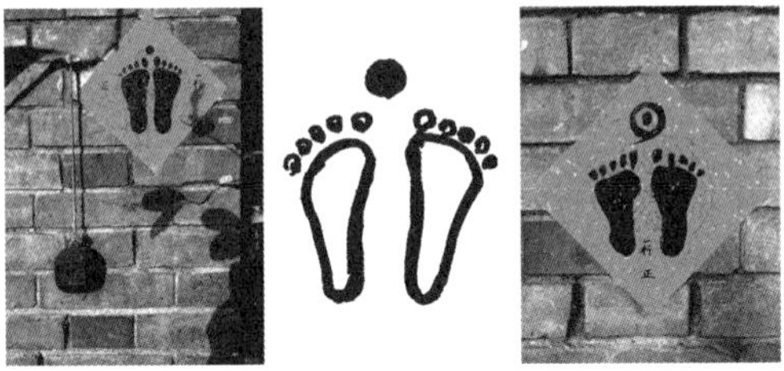	

做，故人，老朋友，行也。行，人之日常，道也。吾猶未能也，心嚮往之。

少年禮的課程典禮已舉辦多次，雖然，有些孩子最後沒有行少年禮，但是，並不表示，他就不會「長大」，只是，他覺得這個時候他還不適合行這個禮。一開始就曾提過，這是一個革命，革自己的命，是要有點勇氣和耐性的。我們不辦湊熱鬧的活動，要的是孩子有點懵懂卻有意願的主動性。在聚會中、在溝通、討論裡有著一種心意的交流，這樣的脈絡也更有了一種「禮」的蘊釀。

因爲生命是延續性的，他們總是時而在前，忽焉在後的大步邁進，而我只是在這個階段陪他們「一起走路」的人。就讓我們「放點心」給孩子們吧！

誌謝

一九九七年，我出版了《水源的孩子》音樂專輯，在專輯封面我寫了這麼一段話：

音樂會不見得就是那種所謂嚇死人的高水準演出，那是職業專家做的。

我想做的是，其實每個人都可以用自己的方式，把生活中感動的呈現出來這樣的思考，因為我也是這樣被感動的。

其次，是對生活的一種展示。

孩子和我，相信都會在這樣的氣氛中，有所學習成長，這是我最大的寄望。

「禮」要長在孩子身上才算數！

沒有長在自己身上、孩子身上，多麼高大上都不算數！

因此，我一直希望以利他之心、利己之情，寫一本幫助自己也幫助別人，走出挫折、迷惘、痛苦，走出教育窠臼，走上教育之道，感動人的書。就從感動自己開始，把自己種回來！也把孩子種回來！

十多年前開始，曾經跟幾個出版社有接觸，幾乎也都要簽約了，最後因緣都未能成熟。二〇二三年十月，在太太淑文的引薦下，與有鹿出版社總編輯煜幃見面，相談甚歡，很快就定案了。他讓我依照我原本的構想，盡情地去寫，在他經驗豐富的引導下，很快我就完成初稿了，眞是太感謝他了，既專業又親切。

這不是一本教育專家的寶典或是一定有用的教學方案，如果您在其中看見了我跟大自然、跟這片土地，跟自己、跟孩子家人朋友們，跟這個社會人群的點滴，那些如柴米油鹽醬醋茶的日常，在你心裡頭有那麼一點觸發、感動，那就去做吧！眞做、眞「行」才會有眞感動，才是「眞行」之人！

因爲這本書，我帶著七個今年卽將畢業的孩子和他們的父母，從三月開始，在淡水文化園區殼牌倉庫進行「少年禮」的聚會學習，預定七月六日我的生日那天，會在水源國小舉辦「少年禮」的儀式及新書發表會。感謝長虹教育基金會李如華執行長、淡水文化基金會許慧明董事長、水源國小李烟長校長的支持。

生命中總有一些貴人，在平凡的日常抑或是關鍵時刻影響著你！

感謝已經在天上的悳簡書院王鎭華老師、師母林怡玎以及袁汝儀老師，成大國樂社鄭元豪師父、伯母蕭雪女士，教育界的老前輩鄭端容校長，全國中小學校長協會榮譽理事長張榮輝校長及現任理事長張信務師傅校長，野菜學校創辦人陳木城校長，國教院校長儲訓的師傅張臺隆、莊淑貞校長，曾與我一起支助學生，卻不欲人知的水源國小退休校長王華芬，在諸多關鍵時刻給予提點的熊曉鴻校長，還有三十年前，我剛到台北給予多方照顧的友朋陳幼琴、黃俊福以及紫荊書院的老朋友們，感謝這些生命中的師長朋友，在我不同人生階段給予我的提點與指導。

感謝令人擔心的大孩子——我的爸爸杜國章，「不識字」卻做了很多「識代誌」的媽媽林瑞香，還有心靈作家太太淑文、兒子元椿、女兒欣諭，一路的支持陪伴。

一直很喜歡三十年前第一屆畢業生張智傑，用毛筆畫我背著吉他和孩子們唱歌的圖，圖中飄著他的同學張家焜的童詩，智傑也寫了一句話：

有歡笑也有悲傷，才是真正的學校！

曾經帶著畢業班的孩子們，從砍校園的樹、剝樹皮、敲一敲、煮一煮，每個人親自做出一張手工紙，再印製成畢業證書，最後在畢業典禮當天，孩子們拿到這張親自製作、交織著水源六年來圖像記憶的手工紙畢業證書，而頒

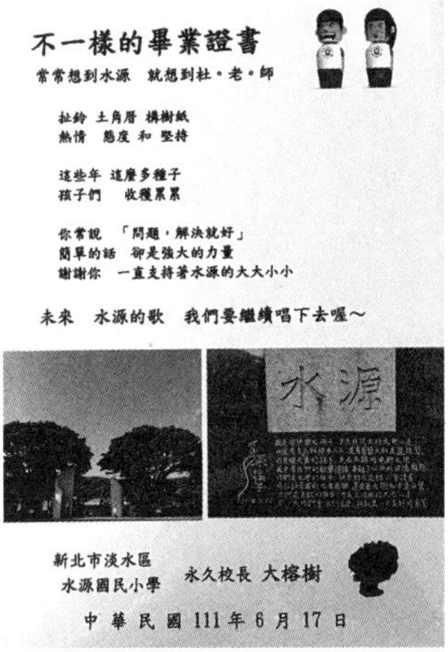
不一樣的畢業證書
常常想到水源　就想到杜・老・師

扯鈴 土角厝 構樹紙
熱情　態度 和 堅持

這些年 這麼多種子
孩子們　收穫累累

你常說　「問題，解決就好」
簡單的話　卻是強大的力量
謝謝你　一直支持著水源的大大小小

未來　水源的歌　我們要繼續唱下去喔～

新北市淡水區
水源國民小學　永久校長 大榕樹
中華民國 111 年 6 月 17 日

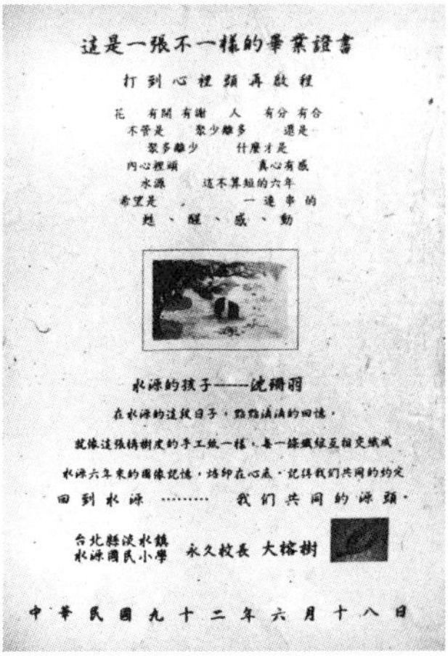
這是一張不一樣的畢業證書
打到心裡頭再啟程

花　有開 有謝　人　有分 有合
不管是　聚少離多　還是
聚多離少　什麼才是
內心裡頭　真心有感
水源　這不算短的六年
希望是　一連串的
甦、醒、感、動

水源的孩子——沈彌羽
在水源的這段日子，點點滴滴的回憶，
就像這張構樹皮的手工紙一樣，每一條纖維互相交織成
水源六年來的圖像記憶，烙印在心底，記得我們共同的約定
回到水源………　我們共同的源頭。

台北縣淡水鎮
水源國民小學　永久校長 大榕樹

中華民國九十二年六月十八日

發這張「不一樣的畢業證書」的是學校的永久校長——百年大榕樹。

走進教育，走進水源將近三十年的歲月，如今，我也從水源國小畢業了，期間的種種，就像這張不一樣的手工紙畢業證書一般，酸甜苦辣皆有，也正應和著智傑的這句話——「有歡笑也有悲傷，才是眞正的學校！」感謝水源這片天地，感謝所有水源的孩子們，也對那段曾經不夠成熟的自己，與長官、同事、家長及孩子們相處的日常致上歉意與感謝，感謝他們！

最後要感謝已經在天上的阿焜——張家焜，謝謝你的童詩感動了老師，讓我走在這條感動的教育之路！謝謝你！我的「阿焜老師」。

編後記

感動的力量

◎林煜幃（有鹿文化總編輯）

那天的情景，我還記得。

廣播結束後，四年級的師生在學校禮堂集合、坐下，看著講台上架起來的大銀幕，播放的電影是《魯冰花》。電影播到最後，古茶妹在古阿明墳前，把他的畫作一張張燒掉，隨後古爸爸把世界第一的獎狀也扔進火堆裡，悲催的電影同名主題曲在山谷間迴盪著，「夜夜想起媽媽的話，閃閃的淚光……」坐在禮堂裡的同學們，包括我，早已哭成一團。也許是爲了同樣四年級的古阿明悲傷不捨，也許部分只是集體的情緒渲染。總之，我也哭了。

也在約莫同時間，就讀台南成功大學的杜守正，看完《魯冰花》，淚流滿面的他，燃起到偏鄉小學任教的熱情理想！對於當時正就讀熱門科系的杜守正來說，他選擇的無疑是一條容易被誤解甚至嘲弄的人生之路。但杜老師走過來了，他走自己的路，走出一條康莊大道。他在淡水大屯山山腳的水源國小教導學生，讓一顆顆與眾不同的種籽，長出屬於自己的神采與風貌。

看著杜老師分享與水源國小學生們這麼多年來的點點滴滴，心中好生羨慕。我的小學生活充滿苦澀。記不得什麼歡樂場景，有的盡是老師體罰學生的回憶，甚至還看過把身心障礙同學往死裡打的創傷經驗。我的小學課業還不差，但在父母忙碌、學校嚴格管教、感受不到關注的狀態下，我像是無人引領般、自顧自地蹣跚前行，竟也安然度過少年。回首來時路，也許只是因爲自己比較幸運的關係吧。

而在杜老師的教學現場，山川、教室、操場、孩子們就像是「文房四寶」，但他讓孩子們自由、適性發揮。「我所做的是努力經營出一個一個平台，讓不同的孩子有機會學習自己做決定。」他和孩子畫生命的圖、唱生命的歌、吟生命的詩；孩子想畫就放膽畫，想唱就大聲唱，想寫就隨意寫。除了是潛能開發，在無形之中，也就是一種藝術治療了吧。

杜老師也借鏡成年禮，發展出特別的「少年禮」概念，從「三核心」（自、動、好）到四主軸（自然、土地、自己、人群）。杜老師想傳達的是，少年不是只有讀書好，若能從自身出發，充分感受土地、感受人際、感受文化，最後就能轉變成感動，而這份感動，將是一生取之不竭的養分，「配天地而成人，誠自然出少年」。

二〇二四年四月的一個週日下午，我來到位於淡水文化園區「殼牌倉庫E棟」、一間小巧美麗的紅磚教室裡。杜守正老師正在爲幾位今年卽將自國小畢業的翩翩少年們上「少年禮」課程。課程一開始，杜老師就拿出「生花生仁」、「熟花生仁」以及「帶殼核桃」並解說其意義。杜老師的課生動有趣，在講台上的他活力四射，爲了是可以吸引住新世代少年的目光，完全可以感受到這麼多年來，他對教育所投注的熱情，他的堅持未曾打過一絲折扣。

至於「少年禮」，也許在課程之後，或是行禮當下，孩子們尙無法完全理解其深刻意義。但這就像是背誦古典詩詞，在人生的某一刻，你終於理解詩人、詞人的心境，與自己的處境心心相印。你會明白核桃裡面的核仁，就是「人」，生吃核仁彷彿回到生命的起點；你會知道這世界上有人了解你，可能不見得碰得到面，但正如日月星辰般時時刻刻守護在身旁。

同樣來自四月的新聞：來自台灣的「妮妃雅」，參加美國眞人實境變裝皇后比賽，榮獲當屆總冠軍。他大膽無畏地活出屬於自己的美麗本色，重新定義自我，接受來自全球的無數喝采。他在享受鎂光燈注目之際，同時關心環境議題，爲環境發聲。他依照自己的天性，活出像樣的自己。杜老師說，這種生命的完成，就是「道」。

《把孩子種回來》說的，正是這樣的道心。有句話說：「幸運的人用童年治癒一生，不幸的人用一生治癒童年。」童年即使不幸，治癒從不嫌遲。這是一本獻給所有少年的書，這也是一本獻給所有人的書。找回屬於少年時應該有的各種感動，從自己出發，我們就都能夠用生命帶領生命，當孩子，也當自己生命的「明師」。

把孩子種回來：
少年禮，一條穿越時空的教育之路

看世界的方法 262

作者	杜守正
攝影提供	杜守正、林煜幃
封面設計	吳佳璘
責任編輯	林煜幃
發行人兼社長	許悔之
總編輯	林煜幃
副總編輯	施彥如
執行主編	魏于婷
美術主編	吳佳璘
行政專員	陳芃妤
藝術總監	黃寶萍
策略顧問	黃惠美・郭旭原・郭思敏・郭孟君・劉冠吟
顧問	施昇輝・林志隆・張佳雯
法律顧問	國際通商法律事務所／邵瓊慧律師
製版印刷	鴻霖印刷傳媒股份有限公司
出版	有鹿文化事業有限公司
地址	台北市大安區信義路三段106號10樓之4
電話	02-2700-8388
傳真	02-2700-8178
網址	www.uniqueroute.com
電子信箱	service@uniqueroute.com
總經銷	紅螞蟻圖書有限公司
地址	台北市內湖區舊宗路二段121巷19號
電話	02-2795-3656
傳真	02-2795-4100
網址	www.e-redant.com

特別感謝

財團法人長虹教育基金會
Chong Hong Culture & Education Foundation
www.chonghong.org

初版：2024年7月6日
ISBN：978-626-7262-83-2
定價：400元

國家圖書館出版品預行編目(CIP)資料

把孩子種回來：少年禮，一條穿越時空的教育之路 / 杜守正著. 一初版. 一 臺北市：有鹿文化事業有限公司, 2024.07 328面；14.8x21公分. 一 (看世界的方法；262)
ISBN 978-986-7262-83-2(平裝)
1.班級經營 2.初等教育 3.教育哲學
523.7　113008529